히가 스스무
오키나와

김웅기 옮김

서해문집

차례

히가 스스무 소개 08

1 모래의 검

모래의 검 11
모래의 석양 45
어머니 이야기 81
모래가 부르는 소리 117
모래의 병사 155
학교 195
흙 도둑 239

《모래의 검》 후기 271

2 마부이

군용지의 주인 273
묵인경작지 313
섬 파출소 경찰 349
귀향 385
군무원 419
짐 토머스의 여행 453
마부이 489

《마부이》 후기 531

히가 스스무 인터뷰 533
야마토에서 미국까지: 오키나와의 변천_오야카와 시나코 547

《모래의 검》(1995)
앞표지와 뒤표지

《마부이》(2010)
앞표지와 뒤표지

히가 스스무(比嘉慂)는 1953년 오키나와현에서 태어나 현재도 나하를 삶의 터전으로 삼고 있다. 일본 미디어예술제 만화 부문 수상, 쇼가쿠칸 만화상 빅코믹스 부문 수상, 데즈카 오사무 문화상과 앙굴렘 국제만화축제 황금야수상 최종 후보에 올랐다. 작가는 역사적 사실 또는 가족의 체험이나 자신의 취재를 바탕으로 전시와 전후의 오키나와 사회를 그려 내고 있다.

독자에게
* 이 책은 《모래의 검(砂の劍)》(초판 1995, 제2판 2010)과 《마부이(マブイ)》(2010)를 엮어서 영문판으로 출간한 《오키나와(OKINAWA)》(2023)를 번역한 것입니다.
* 그림 속 의성의태어와 일부 표현을 최대한 우리말 표현에 맞게 바꾸었고, 그림을 해치지 않기 위해 그림 밖에 따로 표시했습니다.
* 이해를 돕기 위해 원서의 용어 설명과 옮긴이 설명을 각주로 달았습니다.

모래의 검

모래의 검

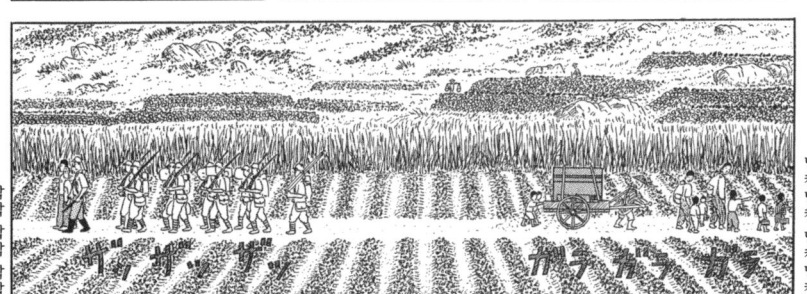

* 우타키(御嶽): 오키나와에서 신성시하는 공간. 자연 장소일 수도 있고, 인간이 만든 영역일 수도 있다. 주로 동굴, 샘, 숲 등이 우타키로 확인된다.

* 우간(御願): 오키나와에서 신이나 초자연적인 존재에게 올리는 제사 또는 의식을 말한다.

* 이노: 산호초로 이루어진 얕은 바다(礁池)를 가리키는 오키나와 방언(옮긴이).

어여차 어여차 어여차
ハーイヤ
ハーイヤ
ハーイヤ
ザッ ザッ ザッ ザッ
착착 착착 착착 착착
어여차 어여차 어여차
ハーイヤ
ハーイヤ
ハーイヤ
ザッ
ザッ
ザッ
착착착
얍얍얍얍 착착착착
カチッ
カチッ
カチッ
カチッ
ハイッ
ハイッ
ハイッ
ハイッ
カチャ
カチャ
カチャ
척척척척

* 야마토다마시(大和魂): 일본의 고유한 정신(옮긴이).

* 아와모리(泡盛): 오키나와 특유의 독한 증류주. 사케(일본술)와 달리 양조주가 아니라서 알코올 도수나 향이 훨씬 강하다.

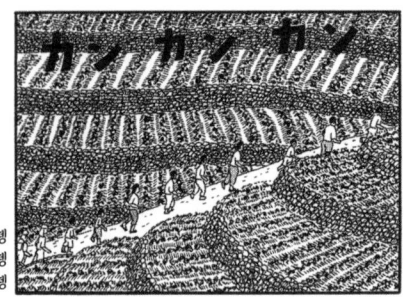

바다로 향하는 길

모래의 석양

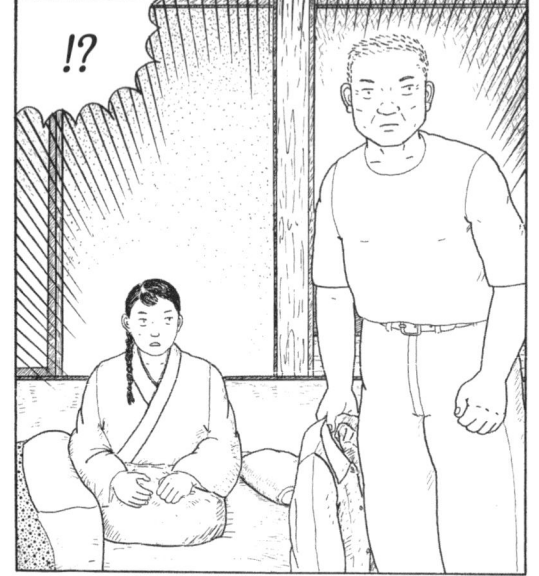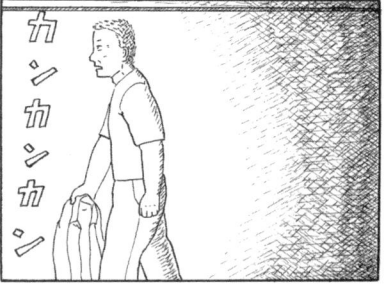

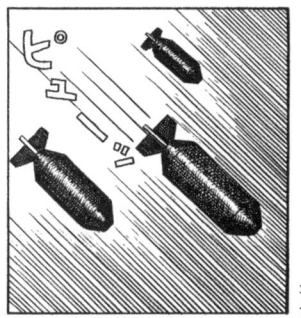

산에 주둔한 부대장님이 오셨습니다. 전할 게 있다고...

촌장님.

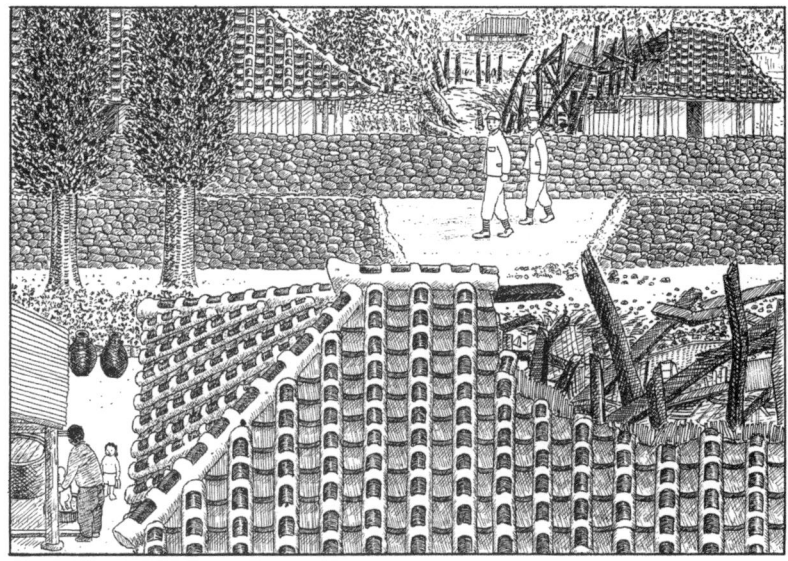

* 경방단(警防團): 제2차 세계대전 무렵 일본이 공습이나 재해 등의 위험을 막고, 치안을 유지하려는 목적으로 조직한 단체(옮긴이).

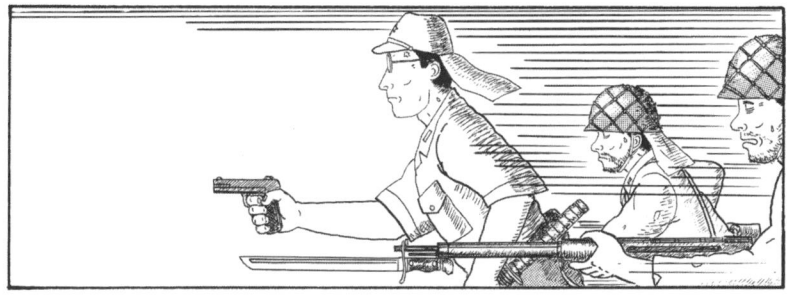

책임을
진 셈이지.
훌륭하게.

저건
전선을 이탈한
비겁한 놈들의
무덤이다.

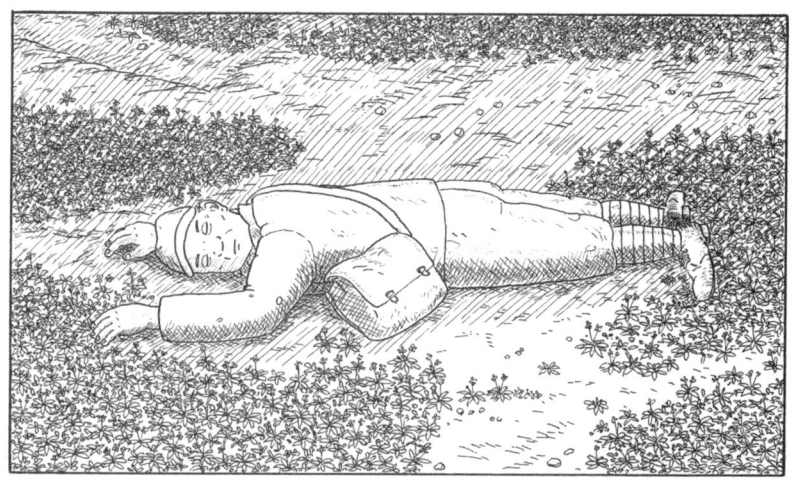

모리오!

!

푸른 바다로 둘러싸인 오키나와

어머니 이야기

쇼와 20년(1945)
오키나와

추억이 멀리 날아가지 않도록 어머니 이야기를 적어 둘 것이다.

어머니께서 돌아가셨다.

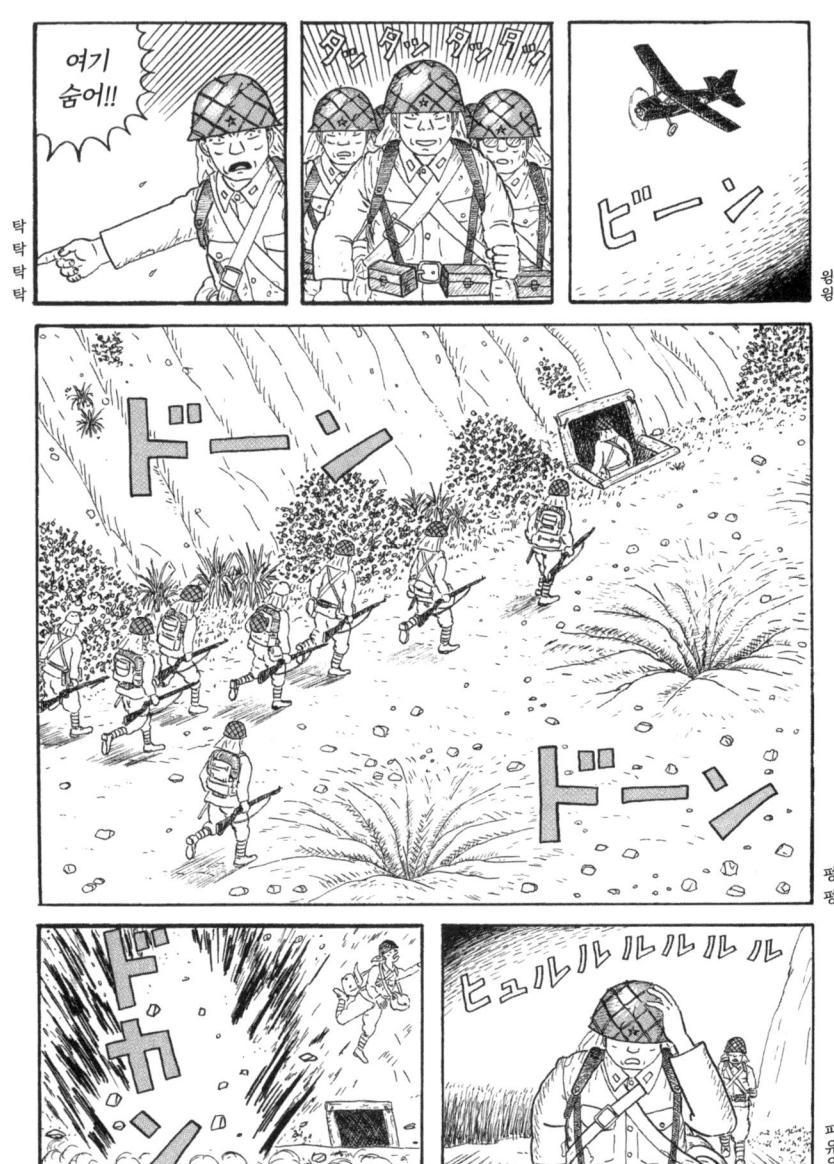

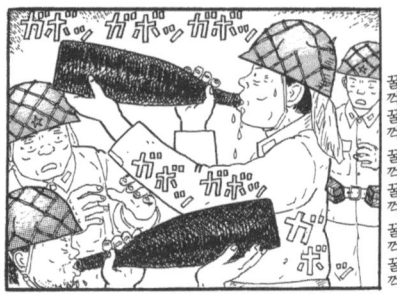

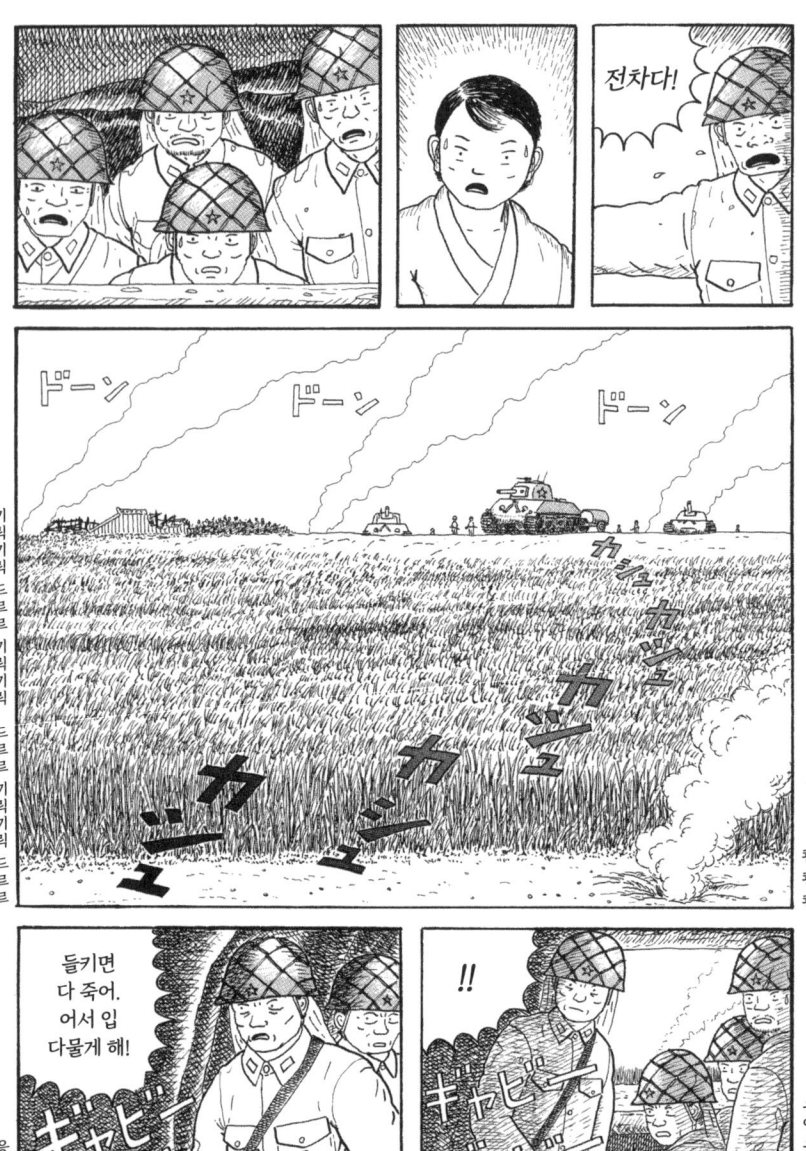

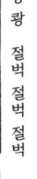

엄마, 왔어!

괜찮아, 조용히 있으면 눈치 못 챌 거야.

오키나와 전투에서 아버지는 포로가 되어, 하와이에 수용된 지 1년 만에 가족들과 재회했다.
오키나와 본섬 남부로 많은 주민이 피난을 갔지만, 패주하는 일본군에 휘말려 수많은 사람이 희생되었다.
어머니의 전쟁 이야기는 아들딸을 끝까지 지켜 냈다는 자부심으로 마무리된다.
82살 8개월. 어머니 인생에는 전쟁이 있었다.

오키나와의 무덤

모래가 부르는 소리

* 지나(支那): 당시 일본이 중국을 멸시하며 부른 칭호. 1946년 이후 주고쿠(중국)로 부른다.

* 가마(ガマ): 자연적이든 인공적이든 동굴을 가리킨다. 〈모래가 부르는 소리〉에서 묘사되었듯이, 전쟁 중에 은신처로 사용된 가마도 실재하며, 그중 상당수는 그 사실을 기리기 위해 현재도 보존되고 있다.

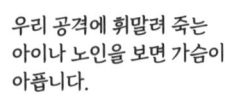

* 우치난추: 오키나와 사람을 뜻하는 오키나와 방언(옮긴이).

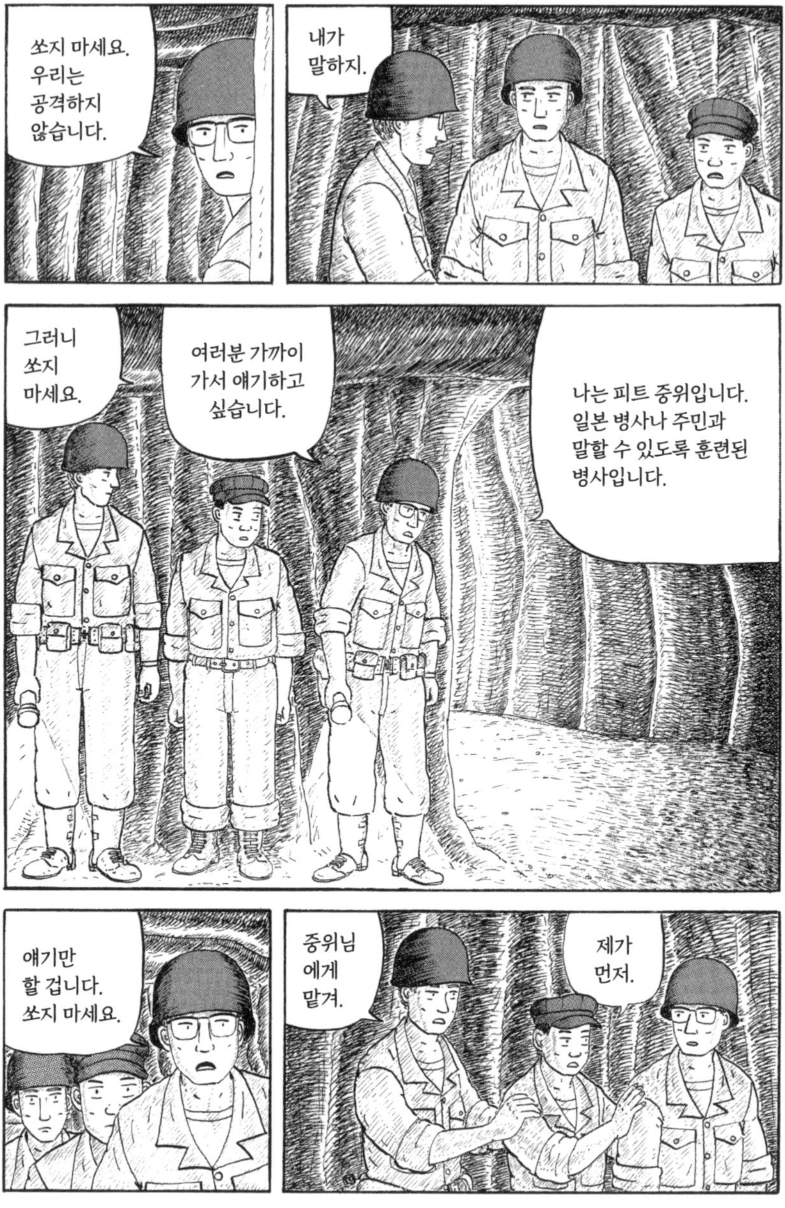

맙소사…

알았어.

로저, 밖에 있는 병사들에게 도와달라고 해.

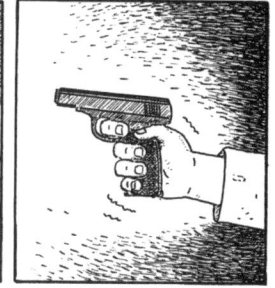

오키나와 전투는 압도적 물량을 앞세운 미군과 기동력이 봉쇄되어 육탄전에 의존할 수밖에 없던 일본군의 총력전이었다.

하지만 양군의 격렬한 전투에 휘말려, 주민 구출을 지원한 이 가운데 고메스를 뺀 4명은 몸을 사리느라 중도 탈락했다.

주민은 도망갈 곳이 없었다.

미군의 포격은 말할 것도 없고, 열세에 몰린 일본군의 처사에도 주민은 공포를 느껴야 했다.

그런 와중에 고메스 등이 오키나와 말로 한 호소는 꽤 설득력이 있었고, 지칠 대로 지친 사람들의 경계심을 풀었다.

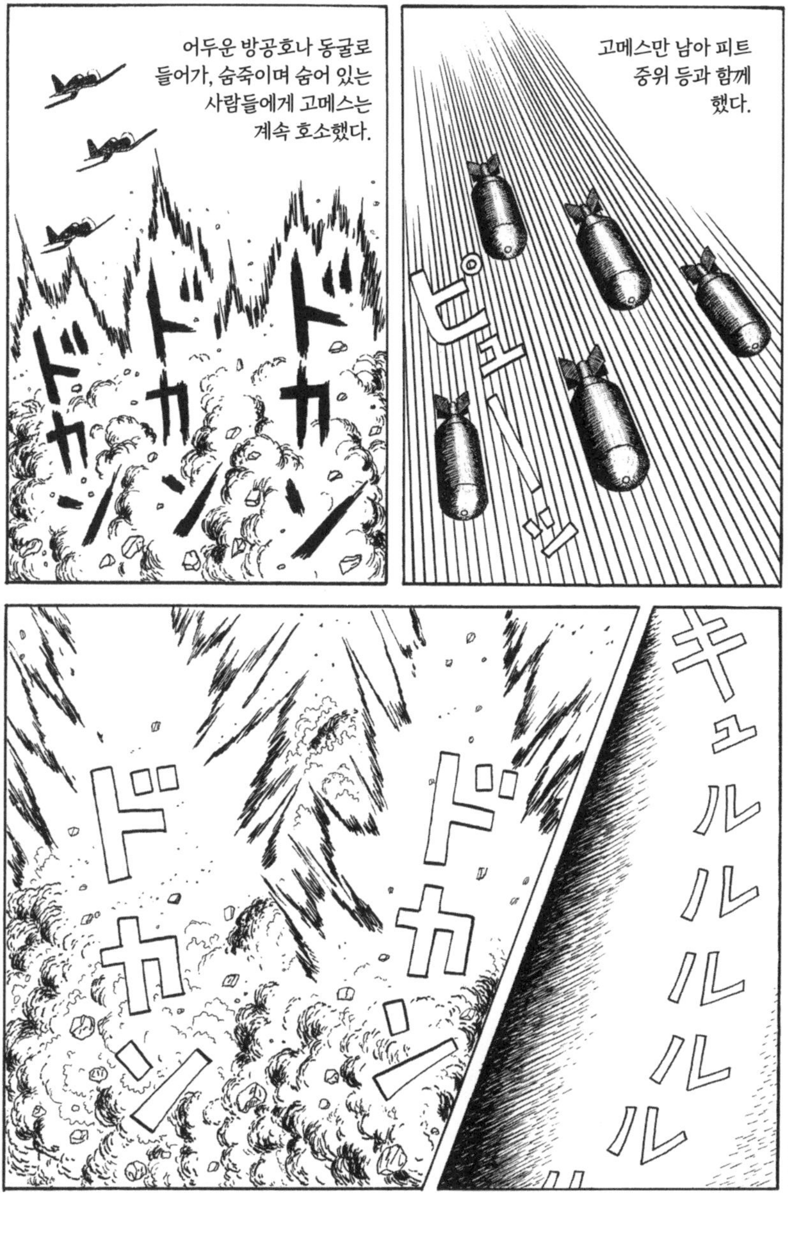

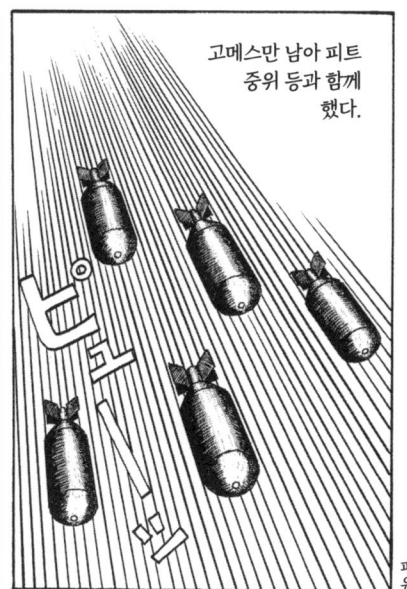

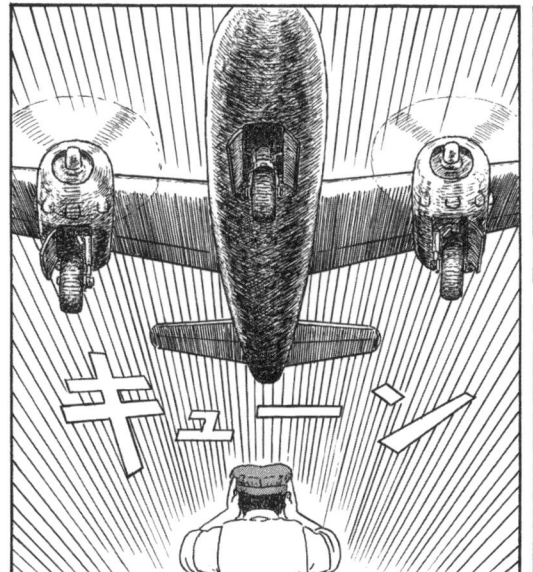

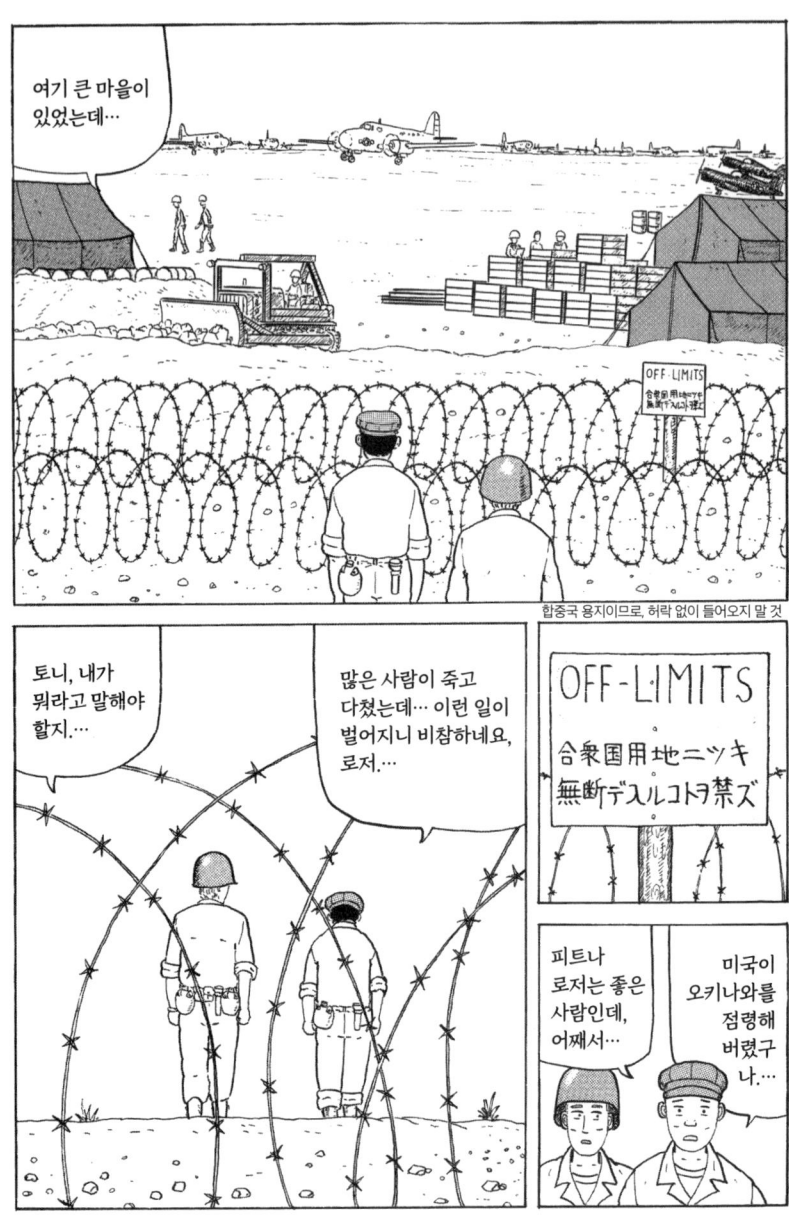

오키나와 미군기지

모래의 병사

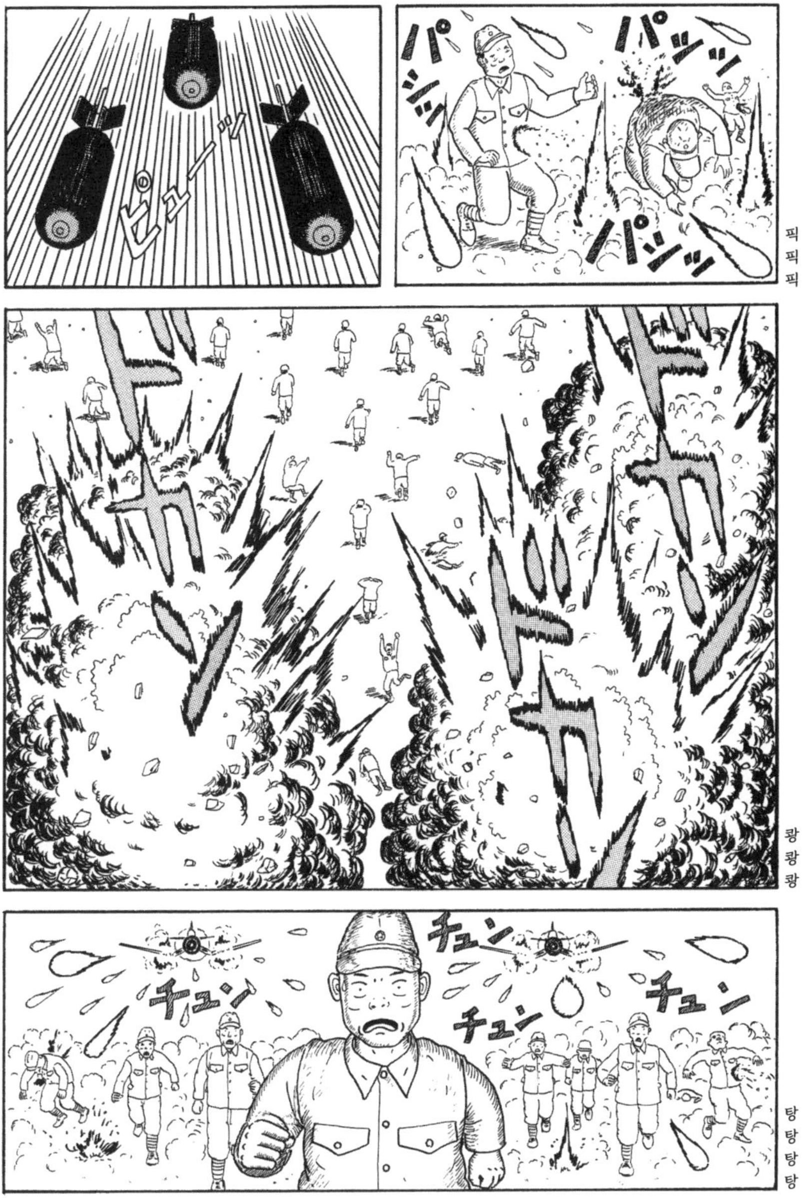

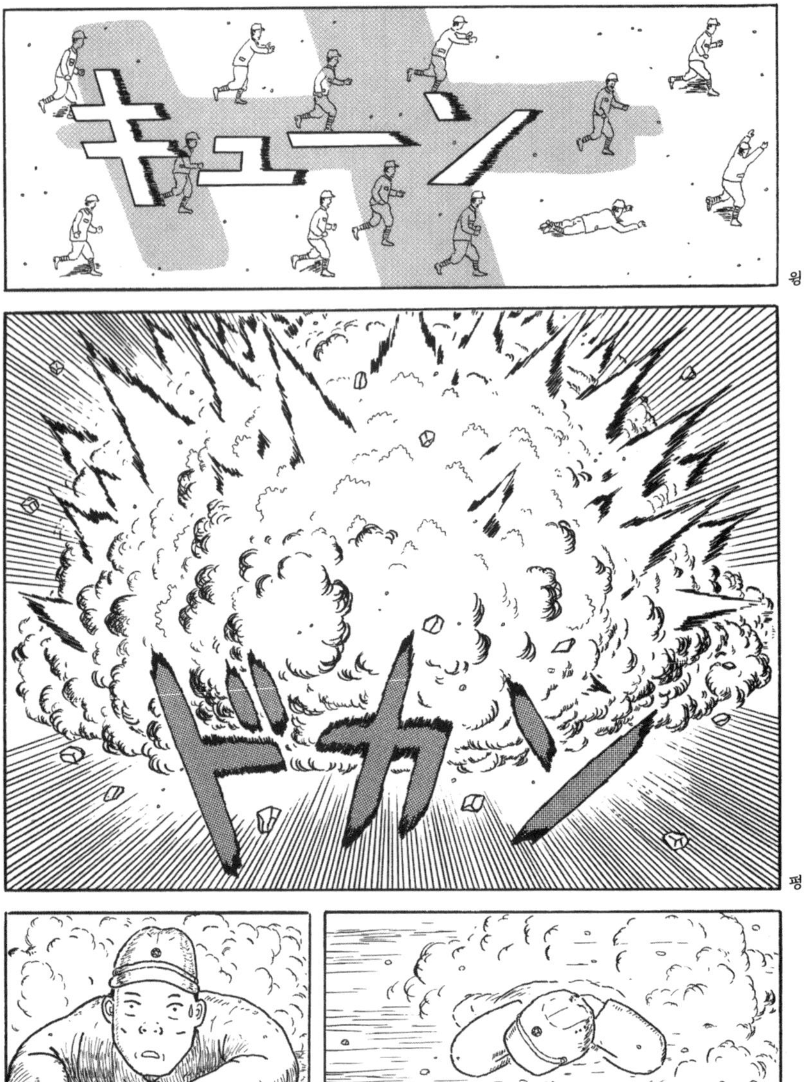

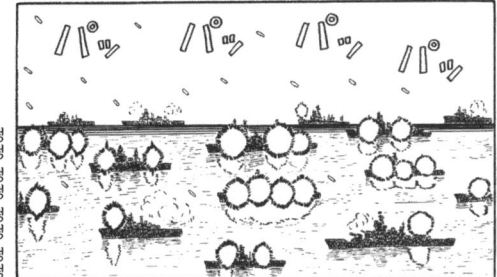

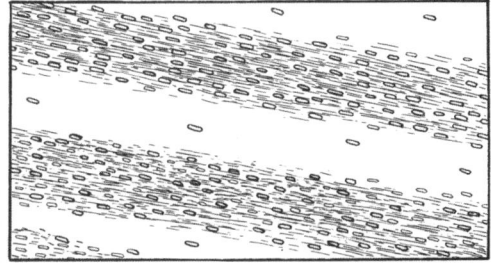
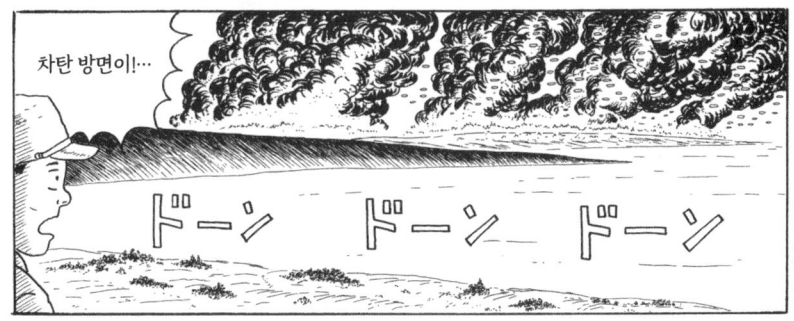

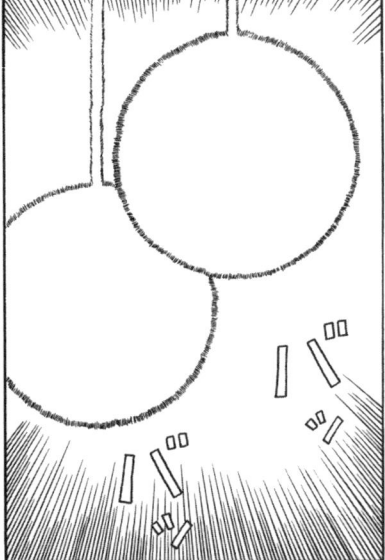

밤이 돼야 안심하고 걸어 다닐 수 있군.

!?

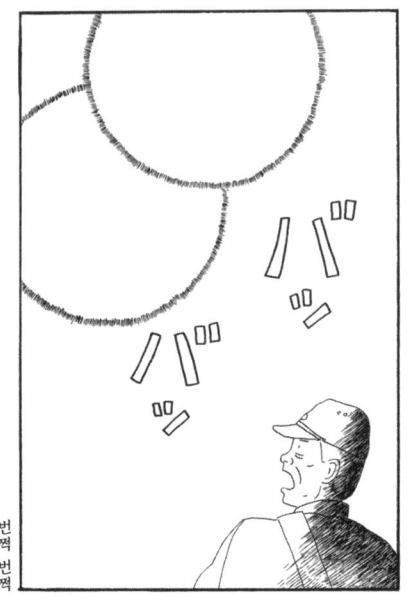

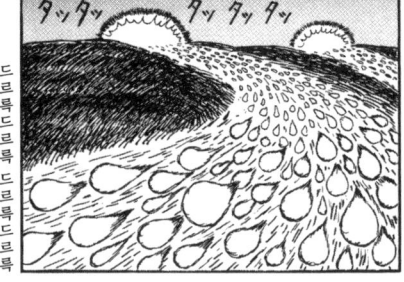

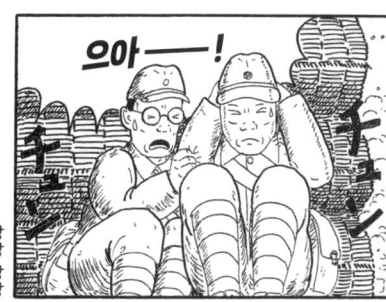

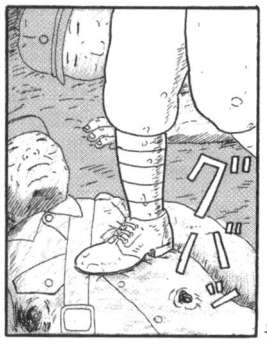

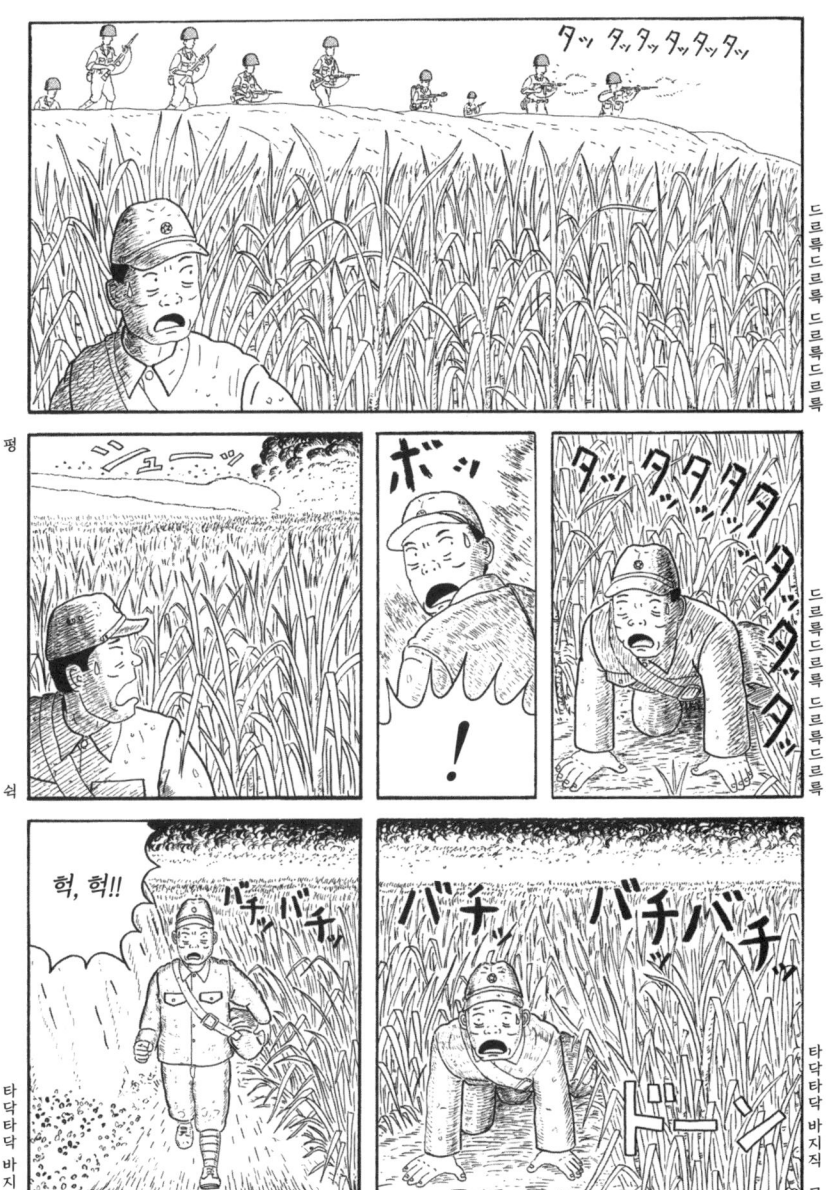

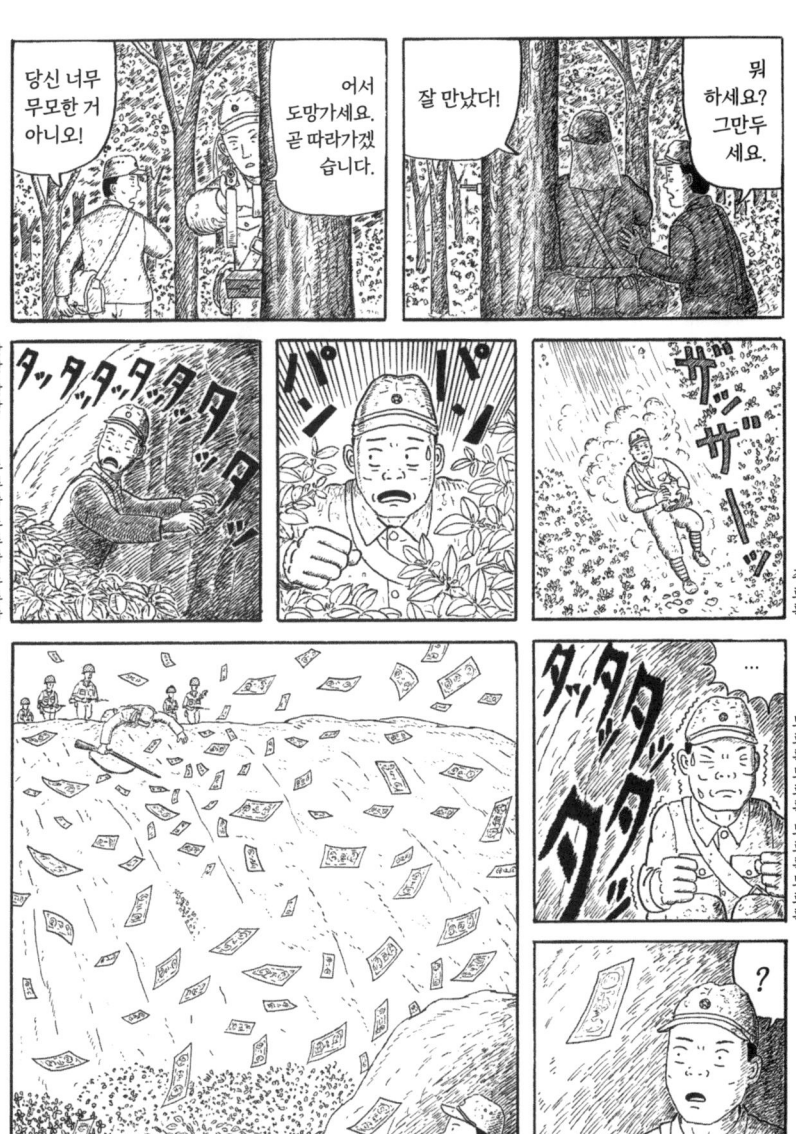

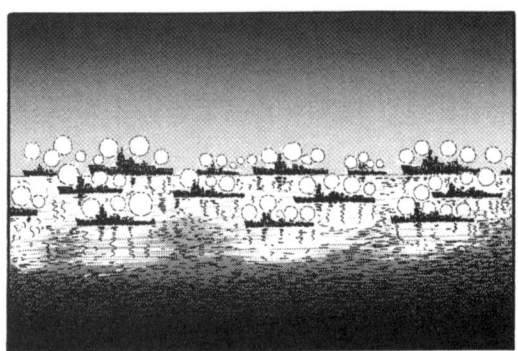

피었다 피었다 벚꽃이 피었다

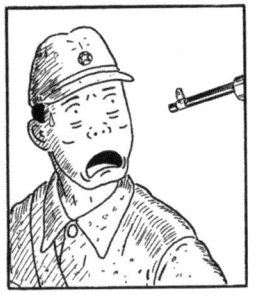

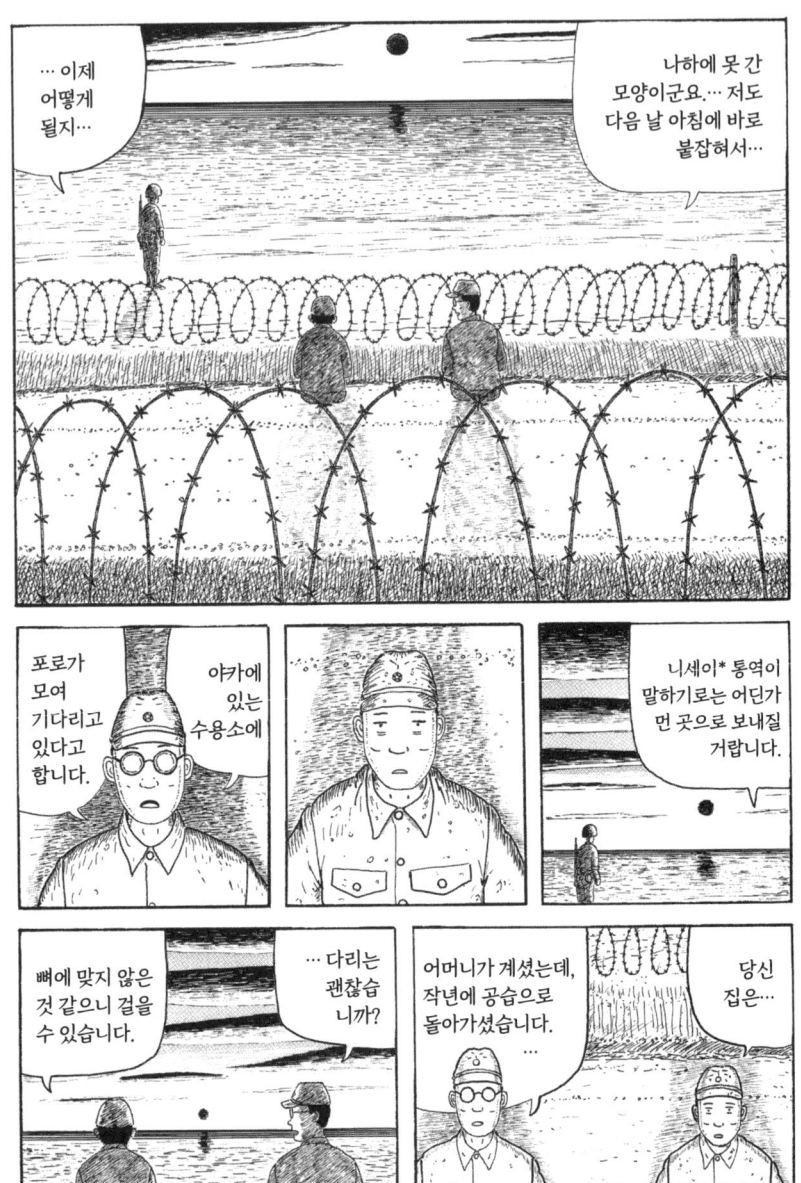

* 니세이(二世): 북미에서 태어난 일본계 이민 2세를 일컫는다.

방위소집병(방위대) 약 2만 2000명 가운데 60퍼센트에 해당하는 1만 3000명이 전사했다.

이 이야기의 주인공은 나의 아버지다.

하와이에 1년 정도 수용되었다가 오키나와로 돌아왔다.

가족이 무사해서인지, 전쟁터에서 일어난 일을 잊고 싶어서인지, 전쟁 이야기는 시종일관, 하와이 포로수용소가 얼마나 천국이었는지밖에 이야기하지 않았다.

그 얘기도 재밌지만, 지면이 다했다.

(본토 출신 병사와 오키나와 출신을 따로 수용한 것은 그 후 미군이 오키나와를 통치하려는 의도가 있었기 때문이었을까…)

오키나와인 무덤

학교

태평양전쟁 말기, 오키나와는 미군과 일본군의 결전장이었다.

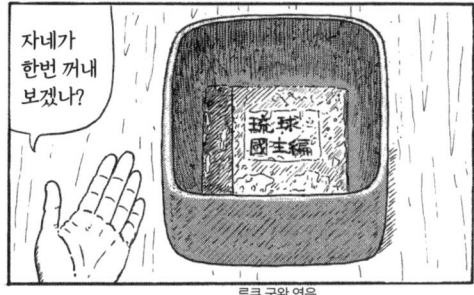

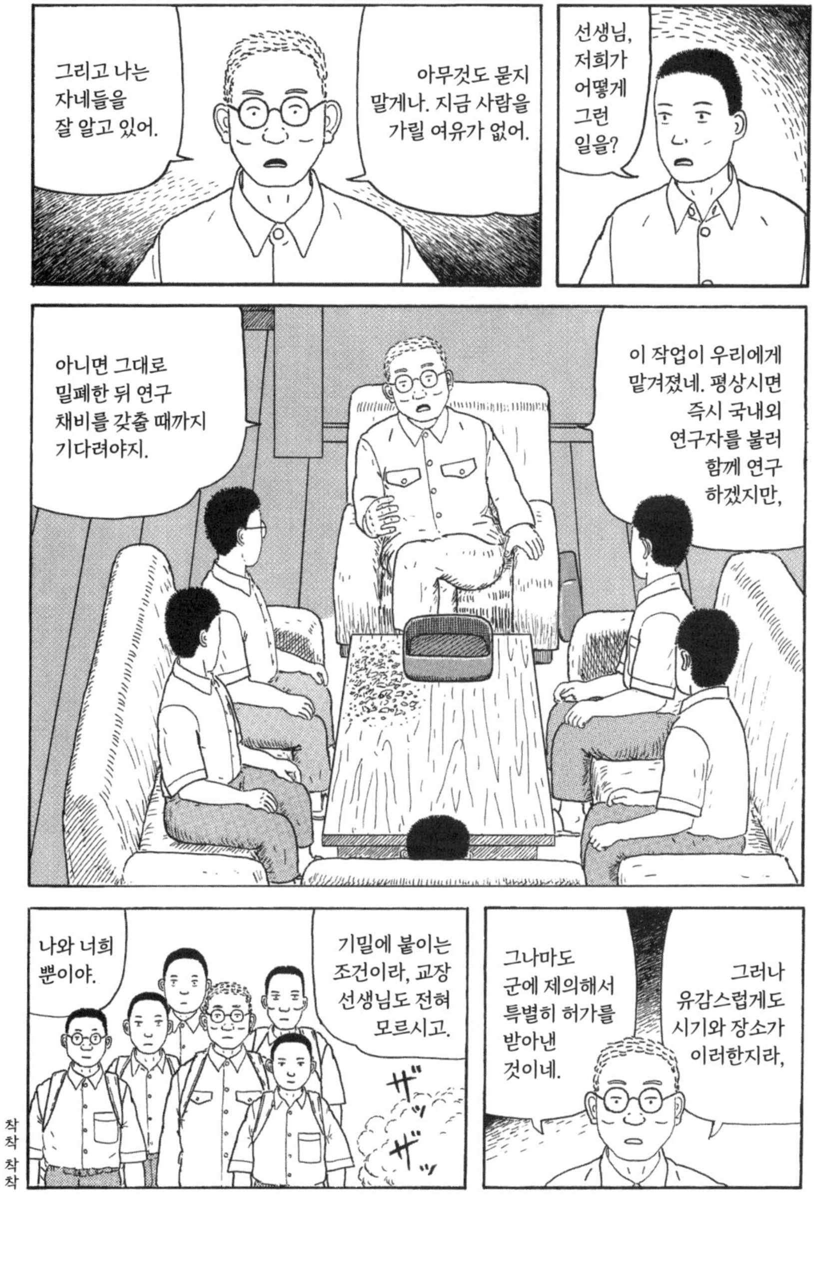

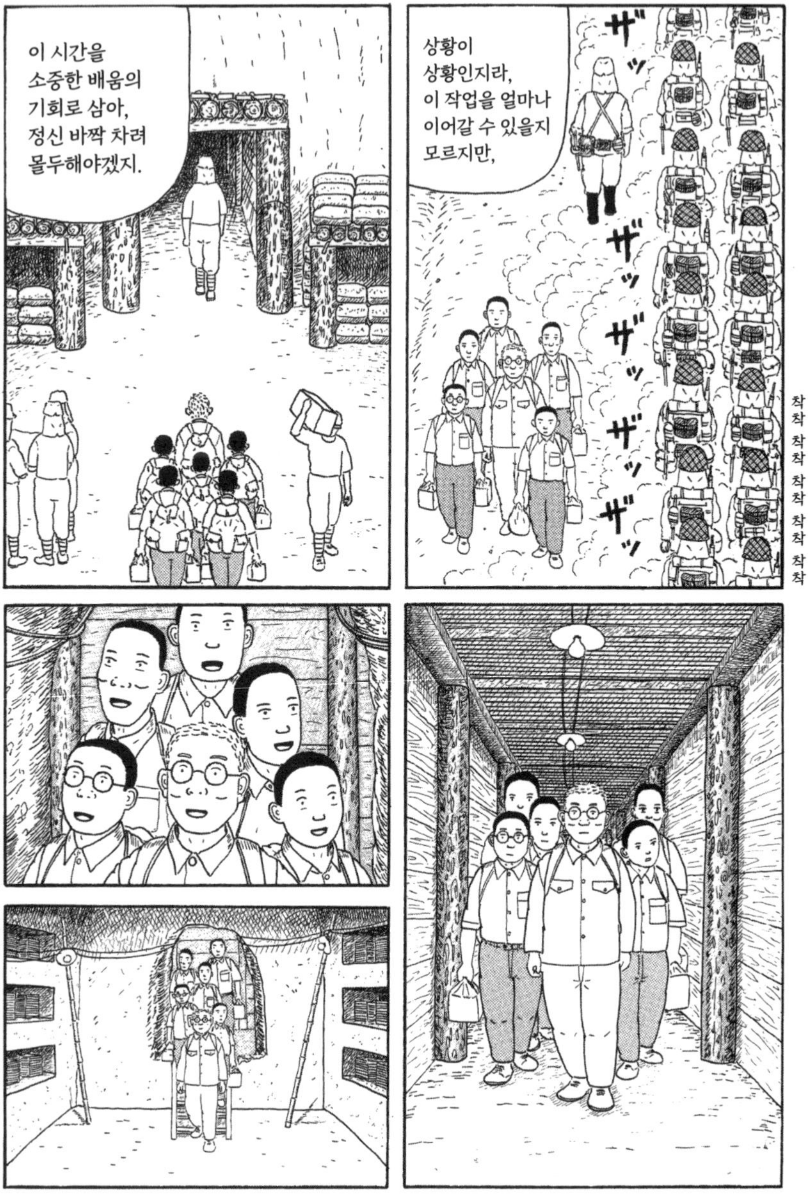

* 왕부(王府): 류큐 왕국의 정치 중심 기관(옮긴이).

선생님.

군사기밀

그렇군. 어서 앉게.

오늘이 마지막으로 외출하는 날입니다.

저희는 사령부 직속으로 배치되었습니다.

어, 잘 왔어.

요즘 배편이 없습니다.

우린 사키시마라서,

제 가족들은 얀바루로 피난했습니다.

제 집은 북부라서 괜찮습니다.

자네들 부모님께는…

마지막으로 외출하는 날이라니.

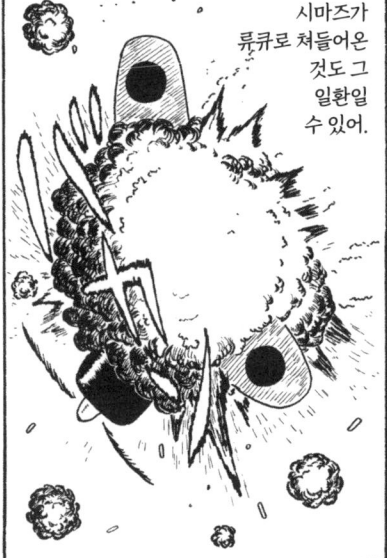

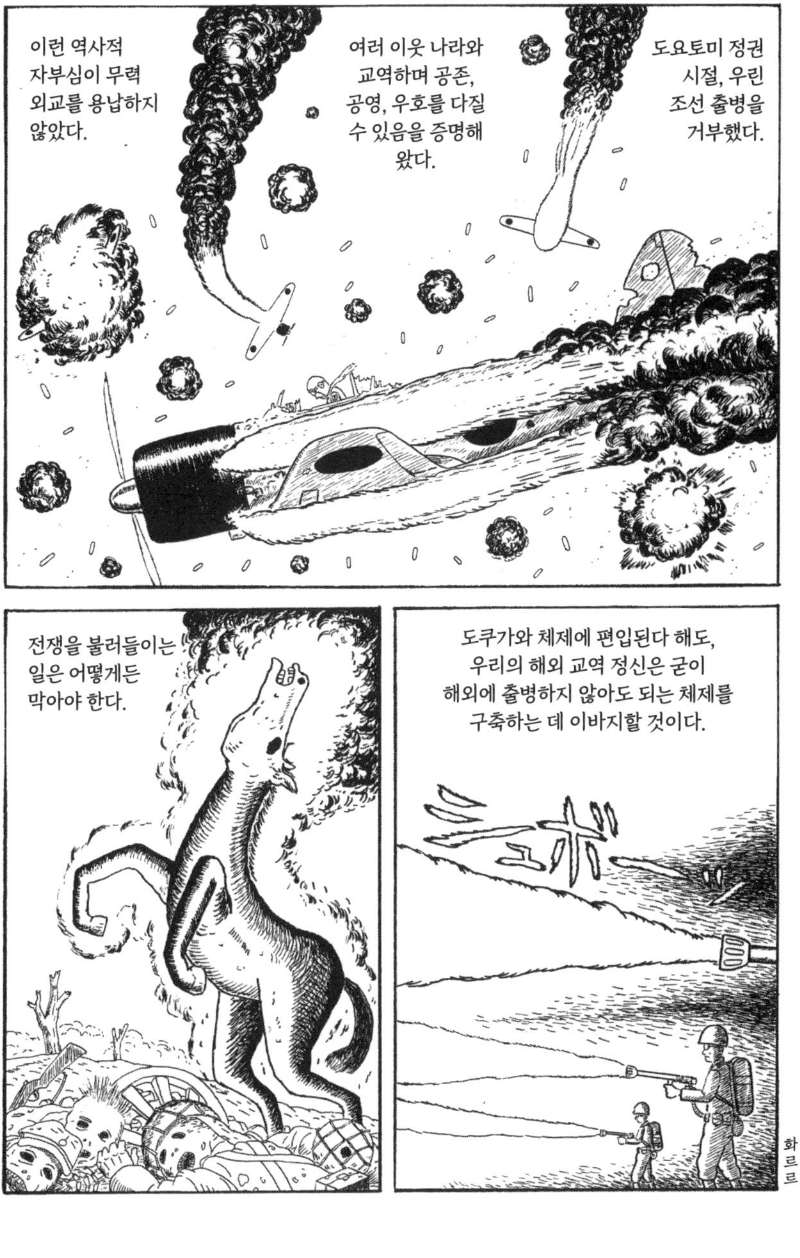

이런 역사적 자부심이 무력 외교를 용납하지 않았다.

여러 이웃 나라와 교역하며 공존, 공영, 우호를 다질 수 있음을 증명해 왔다.

도요토미 정권 시절, 우린 조선 출병을 거부했다.

전쟁을 불러들이는 일은 어떻게든 막아야 한다.

도쿠가와 체제에 편입된다 해도, 우리의 해외 교역 정신은 굳이 해외에 출병하지 않아도 되는 체제를 구축하는 데 이바지할 것이다.

드그그극

화르르

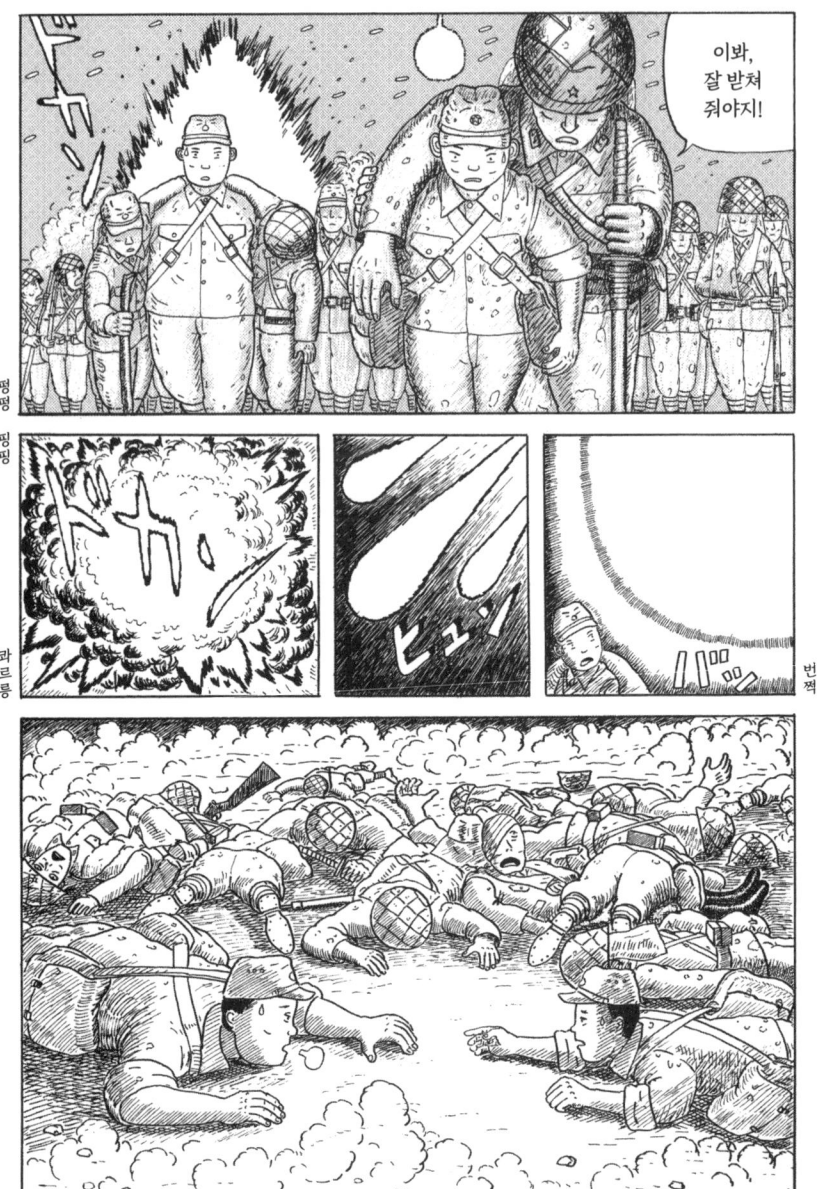

아직 계셨 군요?

선생님!

절버덕 절버덕 절버덕

류큐 마을 야외 유적지에서 장인이 전통 류큐 직조를 시연하는 모습

희극

흙도둑

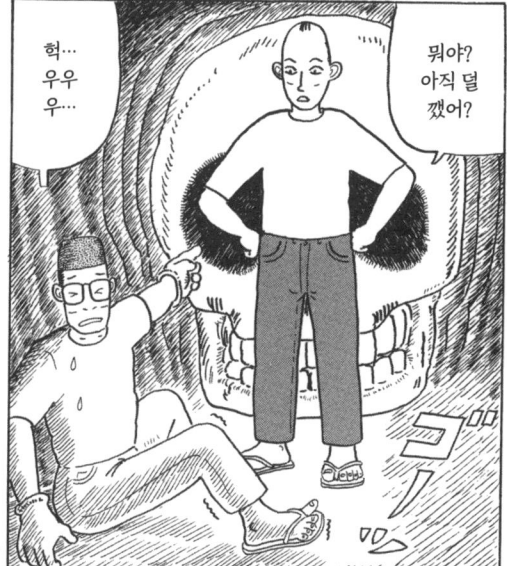

* 마부이: 오키나와에서 영혼, 또는 정신을 뜻하는 말. 사람에게 깃들어 있으며, 때로는 몸에서 빠져나가거나 약해질 수 있다고 여긴다.

* 유타: 개인 또는 가족과 함께 영적 문제나 어려움을 해결하거나 치유하는 오키나와의 영매 또는 무당으로, 때로는 유상으로 활동하기도 한다. 대체로 유타는 여성이다.

* 와비사비: 일본인 특유의 미의식을 나타내는 말(옮긴이).

《모래의 검》 후기

> 이 후기는 1995년 《모래의 검》 초판에 실렸다. 《모래의 검》에 수록된 〈학교〉는 1990년 38회 데즈카오사무문화상에서 선외가작(honorable mention)으로 선정되었다.

〈학교〉(원제는 '배움')는 내 첫 작품이며, 데즈카 오사무 선생께서 읽어 주시길 바랐다. 하지만 작품을 완성하자마자 데즈카 선생의 부고를 텔레비전에서 보았다. 그날은 찬비가 내리고 있었다.

오키나와 전투를 알면 알수록 더 우울해진다. 미군은 허리케인처럼 끝없이 공격했고, 밤이고 낮이고 가리질 않았다. 살아남은 사람은 그저 운이 좋았을 뿐이다. 살아남았더라도 그 이후 굶주림에 시달리거나 전염병에 걸렸고, 군인에 의해 궁지로 몰려 스스로 목숨을 끊거나 자신의 아이를 죽였다. 사람의 몸과 영혼을 뼛속 깊이 망가뜨린 일본군. 하지만 그 세대는 이에 대해 말을 아낀다.

오키나와 전투에서 내가 배운 점은, 청일전쟁부터 태평양전쟁까지 이어진 전쟁의 비극은 국가의 외면과 군인의 자질에서 비롯되었다는 것이다.

데즈카 선생의 작품은 인간의 고통과 연민, 그리고 정신을 이야기한다. 나는 그런 종류의 이야기가 힘든 시기에 사람들에게 영감을 불러일으키고 힘이 되어 준다고 생각한다.

나는 데즈카 선생께 내 이야기를 보여 드리고, "제가 오키나와 전투를 이렇게 이해했습니다. 선생께서 보시기에 제대로 이해한 것이 맞나요?"라고 여쭙고 싶었다.

비록 우리 세대는 침묵했지만, 나는 그래도 그들의 이야기를 이어받으며 전해 왔다. 선생께서 그 증거를 읽어 주셨더라면 하는 생각이 든다.

히가 스스무
1995년 6월 23일, 오키나와 기념일에

마부이

군용지의 주인

일본에서 미군기지 75퍼센트는 오키나와현에 집중되었다.
군용지* 면적은 오키나와 본섬의 20퍼센트를 차지한다(1996년 기준).
그러한 토지의 개인 소유주는 약 2만 8000명이다.
그들은 국가(방위시설관리청)와 토지 임대차계약을 맺고 토지를 임대하며,
연간 약 600억 엔(약 6억 달러)의 지대(군용지 이용료)를 받는다.
그들을 군용지의 주인(軍用地主)이라고 부른다.

* 군용지(軍用地): 군사적 목적으로 쓰는 땅(옮긴이).

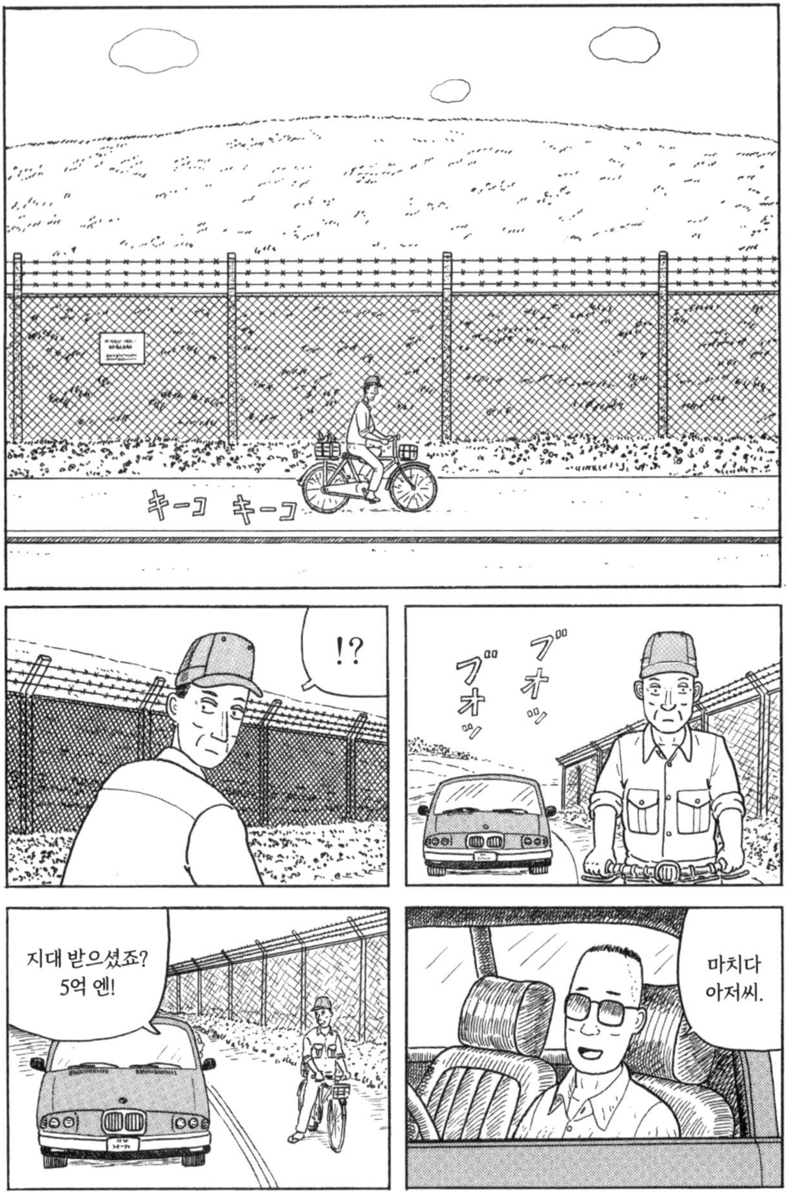

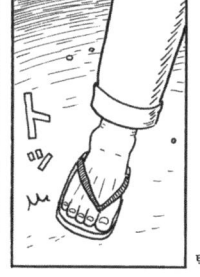

* 에이사: 오키나와에서 조상의 위안을 비는 의식으로 추던 전통 춤(옮긴이).

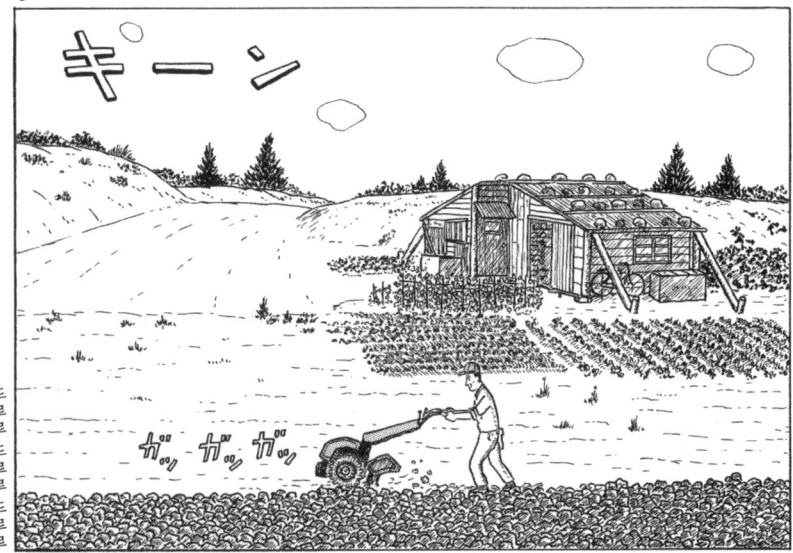

오키나와현 나하시

묵인경작지

오키나와 미군기지에 미군이 묵인한 농지가 있다. 묵인경작지라 부르는 그곳에서, 농민은 제약을 받으면서도 농사를 이어 가고 있다.

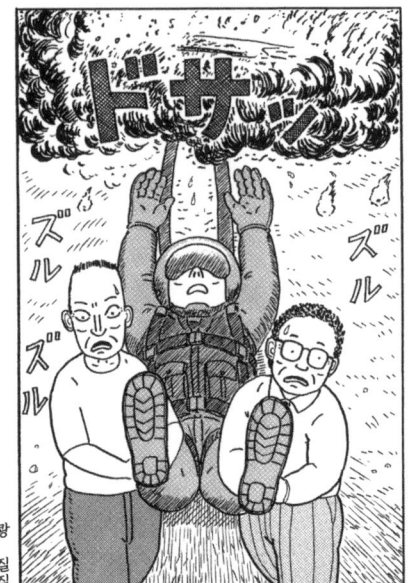

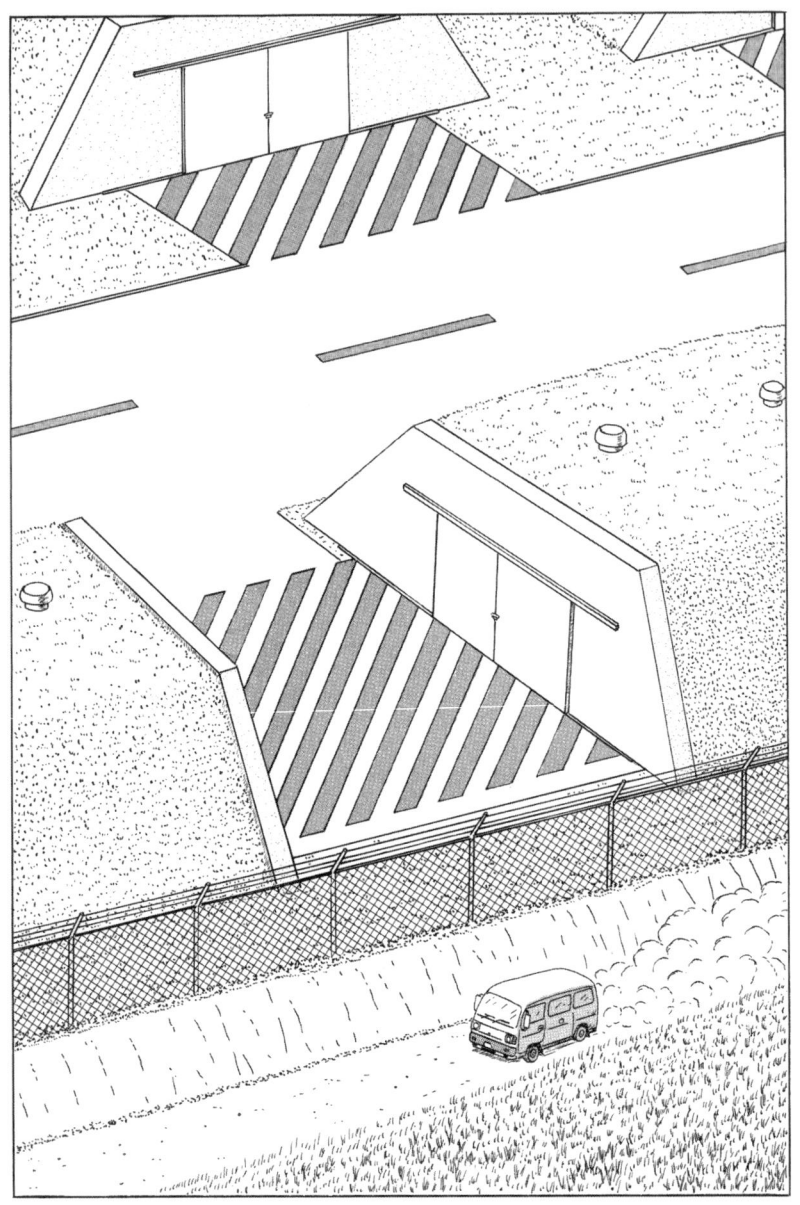

의사 선생님께서 말씀하시네요.

기억상실 증세가 있고 무엇보다 안정을 취해야 한다고

마이크 씨는 마부이를 어딘가에 잃어버렸나 보네요.

지금 밭에 우간을 할 건데, 마이크 씨도 두 손 모아 기도하면 좋겠어요. 마음이 편해질 거예요.

정말 큰 사고라 보통 사람은 살아남기 어려웠을 거예요. 하늘에서 떨어졌으니.

가요 씨네 밭에 귀신이 들어와 평화를 깨뜨렸으니, 밭의 신께 죄송하다고, 귀신을 쫓아낼 것이니 다시 시금치나 고야* 농사가 잘되게 해 달라고 빌 거라고. 그리고 마이크 씨의 놀란 마부이도 어딘가를 헤매고 있을 것이니, 마이크 씨에게 돌아오게 해 달라고, 우-토-토 하며 기도할 거라고 말입니다.

어찌 설명해야 할지.

마부이? 밭에 우간?

이렇게 전해 주세요.

* 고야: 비터멜론이라고도 불리는, 오키나와에서 인기 있는 채소. 콩나물, 달걀, 스팸 등을 볶은 오키나와 요리 찬푸루에 자주 사용된다.

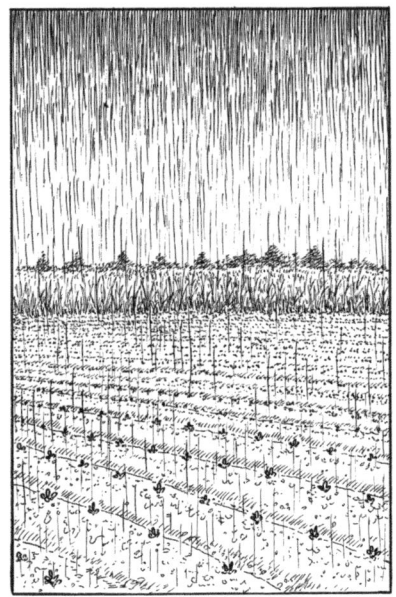

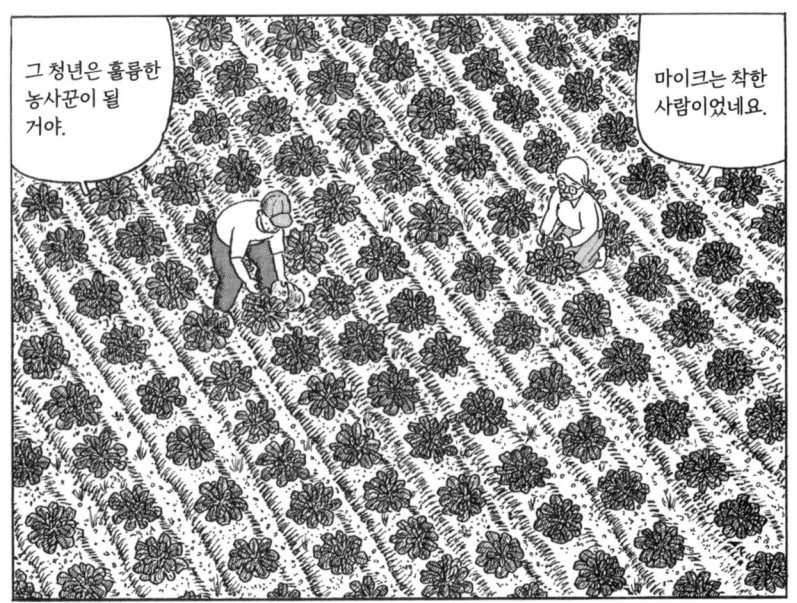

1996년 4월 4일 오전 9시쯤 가데나탄약고의 묵인경작지에 F-15전투기가 추락했다.
M 씨 부부는 20미터도 채 떨어지지 않은 곳에서 농사일을 하고 있었다.
사고가 난 지 1년 반이 지나고, 기지 관련 특집기사가 실린 신문을 통해 두 분을 알게 되었다.
게재된 기사와 사진에서 평생을 바쳐 흙과 함께한, 예절을 아는 70대 부부의 모습을 볼 수 있었다.
멋대로 이야기를 부풀린 것을 너그러이 이해해 주십시오.

관광객을 대상으로 한 공개 행사에서 줄지어 있는 유타

섬 파출소 경찰

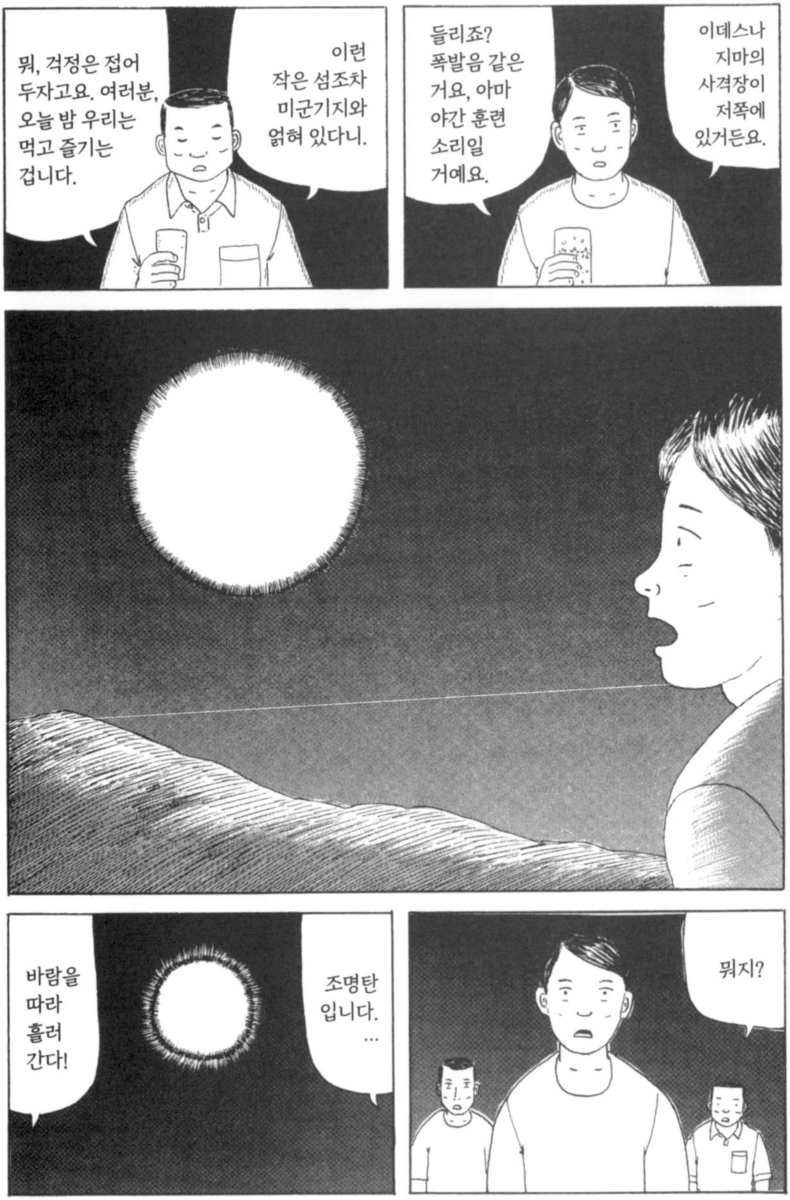

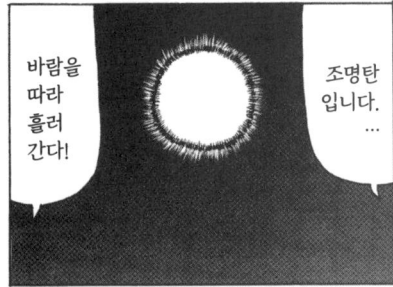

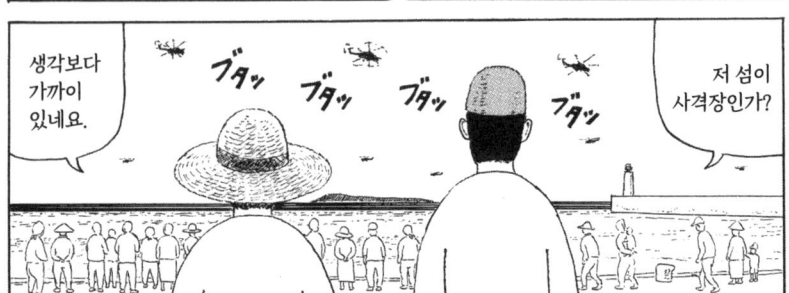

* 가민추(神人): 오키나와에서 치유사, 영매, 점쟁이 등의 역할을 하는 사람. 거의 모두 여성이며, 오키나와 토착 종교에서는 여성을 신과 특별한 관계를 맺는 존재로 믿는다.
* 노리토(祝詞): 신관이 신에게 올리는 축문. 신의 덕에 감사를 표하고, 신을 칭송하며, 새로운 은덕을 기원하는 내용이다.

초중학교 졸업기념

아사토 님, 무슨 문제라도?

저기 신성한 숲에 도움의 손길이 필요한 사람이 있습니다.

이장님, 경관님.

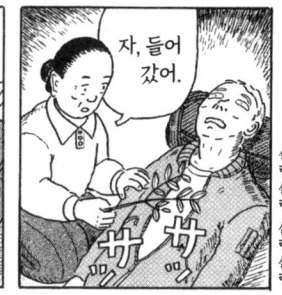

이 섬도 기지로 뺏길 거라 생각해 본 적도 없다고. 이 정도로 전쟁을 원망하시는 줄이야…

헬리콥터가 난폭히 착륙해 어르신과 부녀회의 원성이 큽니다. 저도 야단을 맞았고요.

이 섬이 새로 태어나기를 바라는 마음도 있겠지요.

전쟁이라는 재난도 비켜 간 섬인 만큼

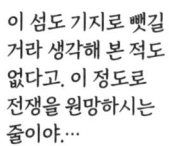

운 좋다, 손수레 대여료는 안 받겠대.

협동조합 상점

얼른 드리고 와.

거참 답답하네. 관광객으로서 당연히 돈을 써야 지역을 살리는 거라고.

이 이야기는 지어낸 것입니다(장소: 오키나와현 도나키무라).

류큐 신도의 성지 세화 우타키

귀향

그럴 거예요. 후코 씨 할머니가 지켜 낸 거니까.

여기서 보는 경치가 예뻐서 너무 좋아요.

저도 즐거웠어요.

오늘은 조상님께서 기뻐하셨을 거예요.

젊은 사람이 있으니 더 흥겨워요.

이런 우시미*라면 언제든 하고 싶네요.

그렇군요. 큰어머니.

시어머니는 과거 이야기는 잘 안 하셨거든.

모두를 위해 얼마나 애를 썼는지.

미토 할머니가 후코 씨 나이쯤에 섬에서 제사를 지내는 노로*였거든요.

내가 태어나기도 전의 옛날 얘기지.

네?

---

* 우시미(清明祭): 오키나와의 조상 숭배 의식(옮긴이).
* 노로: 오키나와의 세습 무녀(옮긴이).

기지를 유치해 꿈의 다리를 놓자

일가는 오사카까지 도망쳤어요. 거기서 성공해 빚을 모두 갚았다는 소식이 들려온 것은 미토가 세상을 떠난 후의 일…

미토는 50대 중반의 젊은 나이에 세상을 떠나고 말았죠. 지금 생각해 보면 미토가 기지 유치를 막으려고 마음고생을 심하게 했기 때문이지 않을까 싶어요.

당시는 점령 시절이어서 자유로이 본토로 가지 못했죠.

미토는 섬에서 섬으로 도망갈 수 있도록 각 섬의 노로에게 얘기를 해 놓았죠.

구니가미, 요론, 오키노에라부, 도쿠노, 아마미에 이르기까지.

미토는 그런 것들을 계속 신경 쓰고 있었던 겁니다.

미토는 전쟁 통에 혼자 살아남았어요. 그래서 전쟁으로 끔찍한 시간을 겪었는데 왜 기지를 두려고 할까라는 이야기를 했었죠.

모두 평정심을 되찾고 나서, 모두 미토 덕분이었다고 믿었죠.

미토는 이 섬이 기지가 되는 게 싫었던 것 같아요.

아, 소켄 씨.

히가시 씨.

끼룩끼룩 끼루룩끼루룩

히가시 씨는 기지 유치를 어떻게 생각하시나요?

이제 집으로 돌아가신다고요?

아, 아뇨... 괜찮습니다.

용서하기 힘드시겠지만, 정말 죄송합니다.

지난번엔 진짜 최악이었습니다.

마음의 여유도 없었고.

처음에 저는 어느 쪽이든 상관없다고 생각했습니다.

하지만 저는 지금도 이 섬을 활성화하는 유일한 방법이라고 생각합니다.

저는 확실히 어르신을 설득하지 못했습니다.

아...

류큐 종교에서 무척 성스러운 장소 가운데 하나인 구다카섬
여신 아마미큐가 나타난 곳으로 여겨진다.

군무원

오키나와현 면적은 일본 국토의 약 0.6퍼센트일 뿐이다(지자체별 순위로 44위).
미군 시설이 그 육지 면적 10.8퍼센트를 차지했다(오키나와 본섬의 20퍼센트).
일본 내 미군기지 75퍼센트가 그곳에 집중했다.
오키나와현 인구는 약 128만 명인데, 미 군인과 군속이 약 3만 5000명이다.
기지 시설에 근무하는 일본인(오키나와현 주민) 종업원 수는 약 8000명이다(1996년 기준). 이들을 일본 정부가 미군 대신 부담하여 공무원 수준으로 채용한다.
이들은 군무원으로도 불린다.

또각또각또각또각또각또각

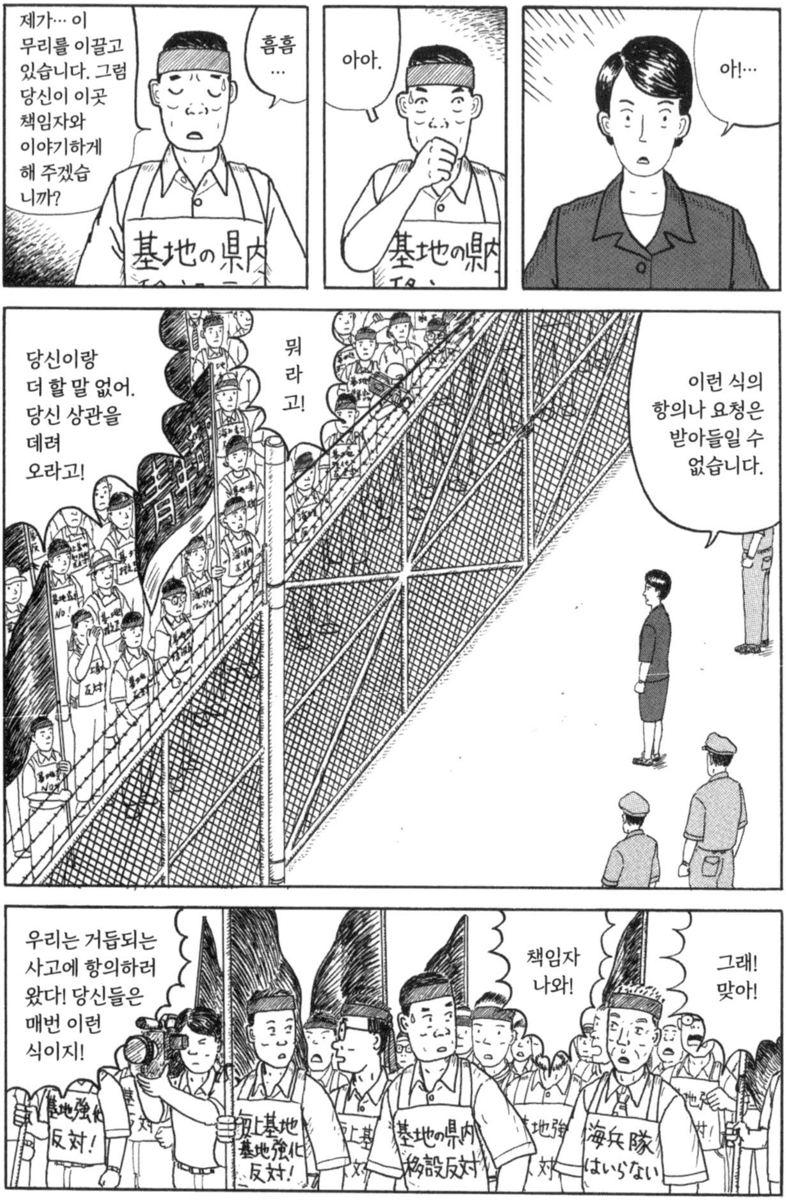

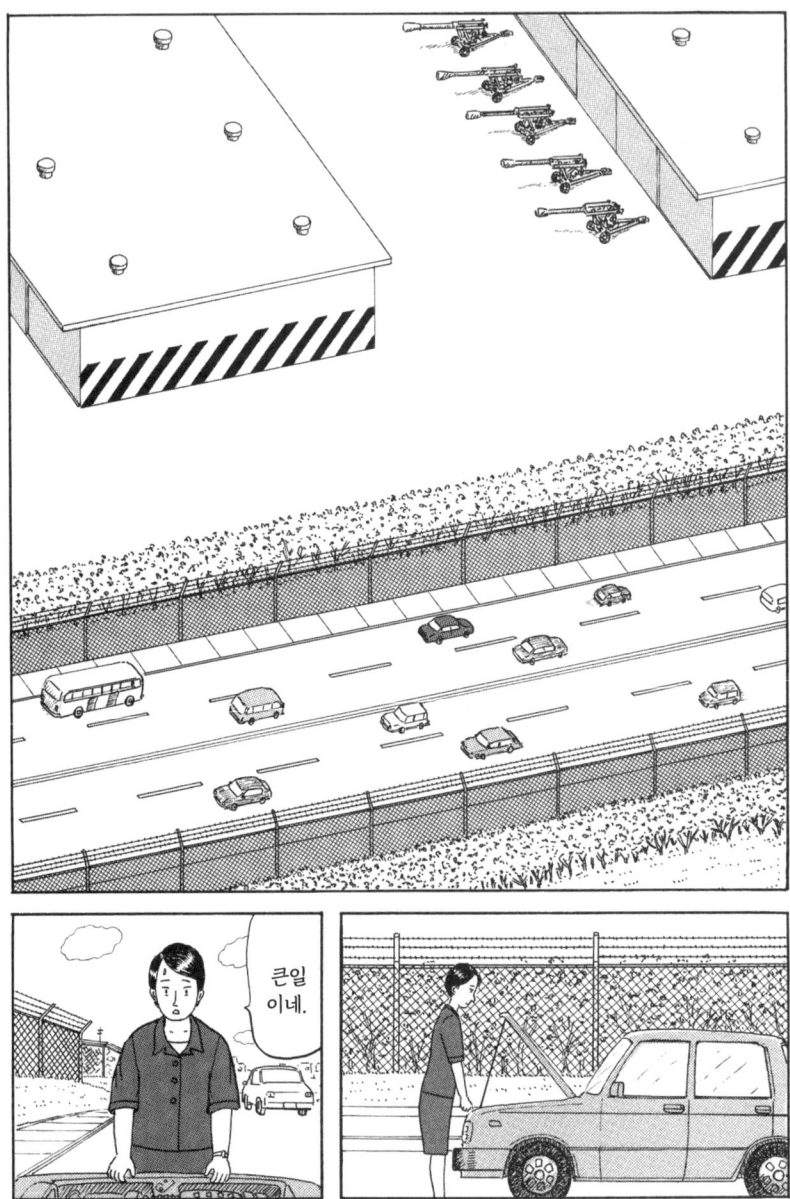

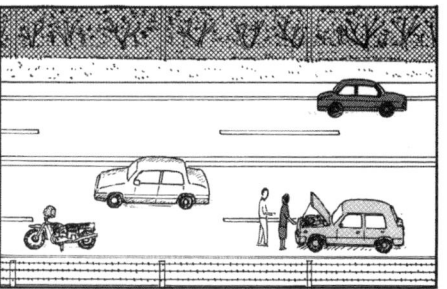

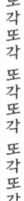

기지 정문 앞

오키나와 헤노코에서 열린 미군 신기지 건설 반대 시위

짐 토머스의 여행

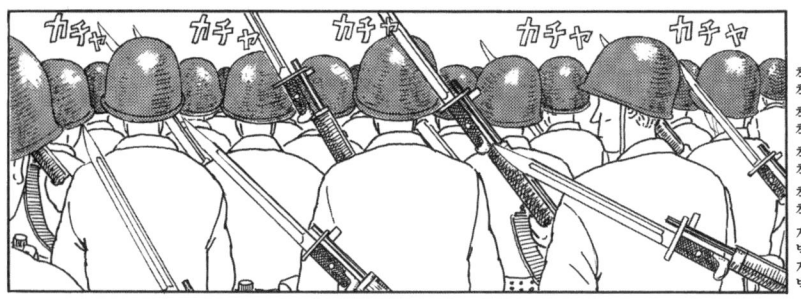

엉엉!
으앙으앙!

여보! 어떡해!
어떡하냐고!

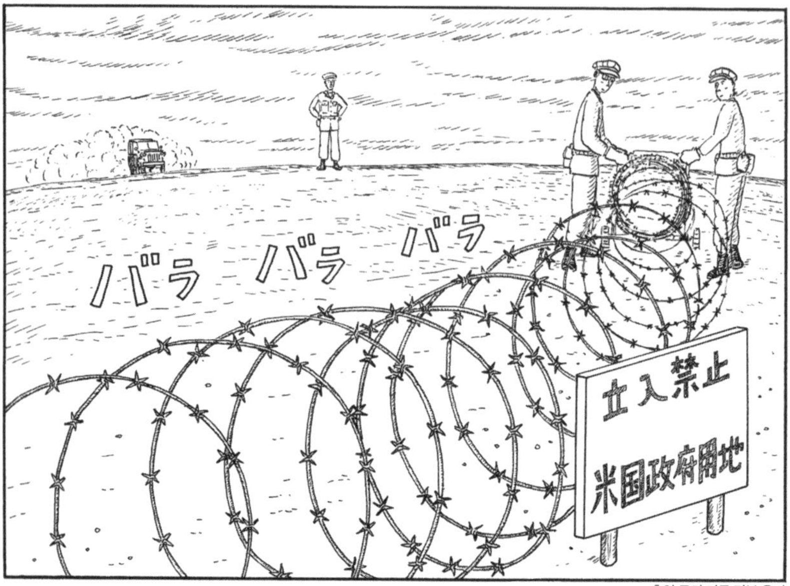

모든 의약품 중 최고로 유명한 아와모리 이레이

환영 토머스 씨 / 아자구 구 소년야구팀 일동

환영 토머스 씨 오키나와 방문 기념 신구 소년야구대회   아자초중학교

그때 소년들의 눈동자는 눈부시게 빛났습니다. 저는 그 기억이 지금도 생생합니다.

통역하면,

고마워요, 여러분.

정말 고맙습니다.

힘내라 아자 어린이야구

파이팅 나하

* 우라시마(浦島): 일본 옛날이야기의 주인공인 '우라시마타로'를 말한다. 타로는 7일 동안 용궁으로 여행을 떠났지만, 마을로 돌아왔을 때는 수십 년이 지나 모든 것이 변해 있었다는 이야기다.

텔레비전 지역뉴스에서 야구 유니폼을 맞춰 입은 중년 아저씨들이 나이가 지긋한 백인 남성을 공항에서 환영하는 소식이 방송되었다. 옛 소년야구 팀과 그 코치가 몇십 년 만에 재회한 것이다. 교류하는 모습은 신문에서도 화제가 되었고, 이 미군 출신 백인 남성은 오키나와를 떠나면서 "오키나와 미군기지 문제를 알고 있습니다. 오키나와 사람에게 좋은 방향으로 해결되기를 기원합니다"라는 취지를 담아 인사를 남겼다. 옛 소년 팀과 전 코치가 과거를 회상하는 일 말고 어떤 대화를 나누었을지 궁금하다.

유타가 기도하는 모습

마부이

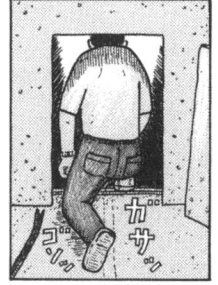
툭 탁

중부와 북부에서도 비슷한 신고가 들어왔습니다.

접수는 하겠지만, 언제 도둑을 맞았고, 어떻게 생겼는지 특정할 수 있냐 하는 점이 저희도 곤란한 부분입니다.

세골장* 시대의 가치 있는 물건을 도둑맞았습니다. 도난 신고를 해야겠습니다.

아버지, 유골함이 없어졌어요. 도둑이 든 것 같아요.

정신 나간 놈의 못된 장난인가?

그럼...

유골함에 확실히 글자가 새겨져 있었지만, 무슨 내용인지 잘 기억나지 않습니다. 봉안당에 모실 때 말고는 제대로 볼 일도 없고, 게다가 어떤 형태인지, 언제 도둑맞았는지 알 수 없습니다....

다시 말씀드리면, 도난당한 유골함의 모양을 설명해 주시고, 그게 선생님 소유의 물건이라는 것도 증명해야 합니다.

네?

* 세골장(洗骨葬): 죽은 사람의 뼈를 씻어 다시 장례를 치르는 장례 풍습(옮긴이).

고보당

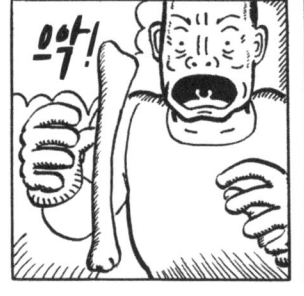

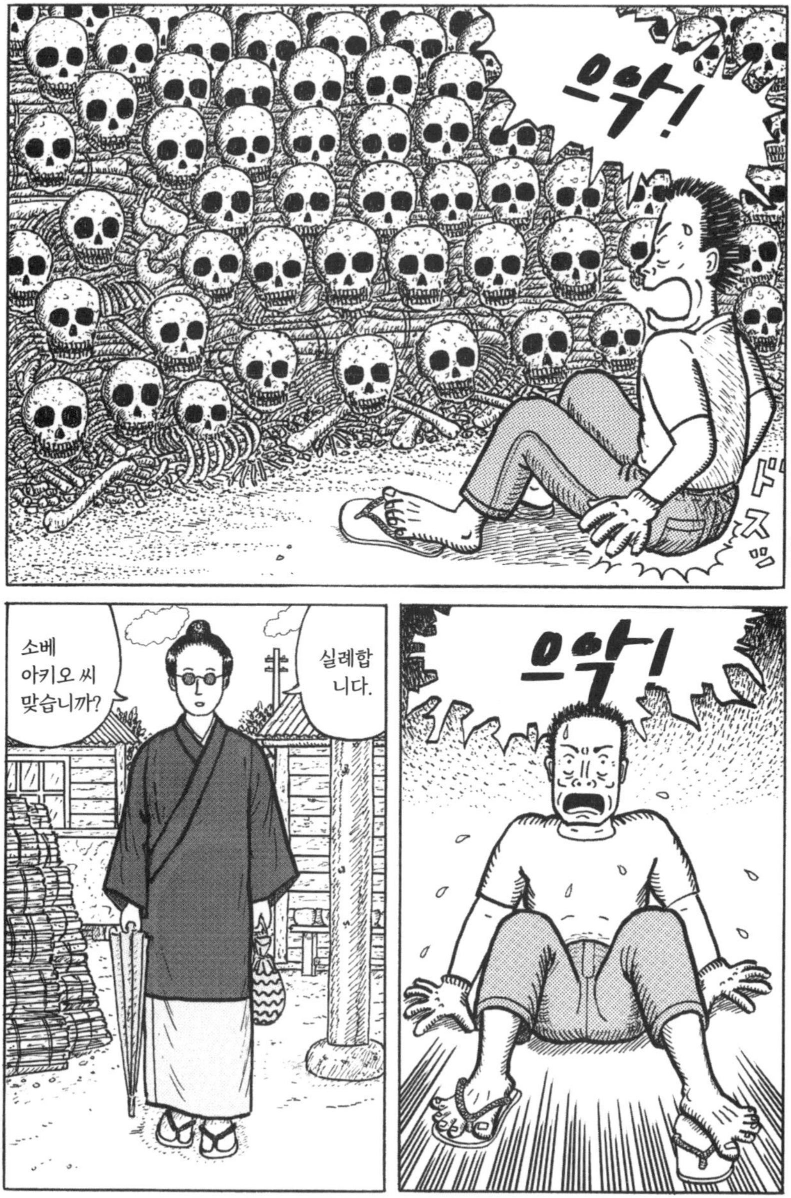

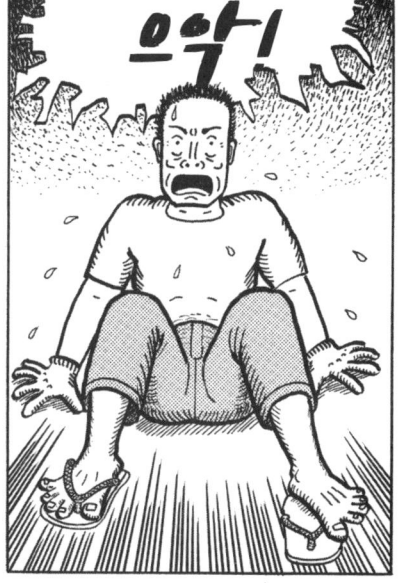

* 이마리(伊万里): 일본 규슈 사가현에 속한 지역으로, 예전부터 도자기로 유명했다(옮긴이).

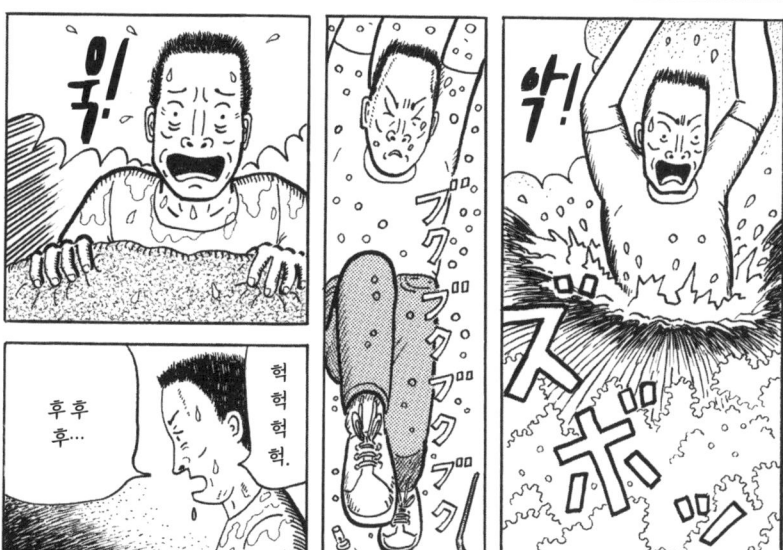

이 이야기는 1970년 전후 오키나와에서 일어난 무덤 도굴 사건을 바탕으로 합니다.
당시 오키나와는 미군 통치를 받다 일본에 반환된, 사회가 크게 요동치는 시기였습니다.
일상생활에도 정치적 상황이 스며들어 긴장을 늦출 수 없던 오키나와 사람에게 격동의 시대였습니다.
그런 정치와 가장 멀리 떨어진 곳에서 도굴이 행해진 것입니다.
아니, 그런 시대의 풍파는 무덤이라는, 본디 고요해야 할 장소조차 가차 없이 흔들어 놓았다고 해야
할지도 모르겠습니다.
세상은 변한다는 사실이 인간 사회의 진리라고는 해도 무덤 도굴을 알게 되면서 오키나와가 무언가 큰
것을 잃은 것이 아닌가 하는 생각을 금할 수 없습니다.
소베 아키오 씨는 그 후 여러 곳에서 말썽을 피우다가 연락이 끊겼다는 소문이 돌았습니다.

《마부이》 후기

"나는 오키나와를 사랑한다"
"나는 우치난추라 기껍다."

한 설문조사에 따르면, 홋카이도, 교토, 그리고 오키나와가 일본 인기 관광지 상위 세 지역으로 꼽혔는데, 그 이유는 이 지역 사람이 고향에 대한 애착이 강하기 때문입니다. 저는 이렇게 된 데에 젊은 세대의 역할이 크다고 봅니다. 해외에서 활약하는 프로골퍼 미야자토 아이가, 그리고 2010년 고시엔에서 두 번째 우승을 차지한 고난고교(우치난추만의 야구부) 선수들이 오키나와에 대한 애정을 큰 소리로 자랑스레 표현합니다. 그들은 활기찹니다. 고향을 위해, 오키나와를 위해 무언가를 하겠다는 것은 이들 젊은이에게는 몸에 밴 당연한 일입니다.

오키나와 전투로 잿더미만 남은 상태에서 오키나와를 다시 일으켜 세운 선인들은 불합리한 점령 상황에서도 이성을 잃지 않았습니다. - 이들은 인간이 어떤 존재인지를 보여 주며, 이 모든 일에 정면으로 맞섰습니다. 이들은 이 사회의 중추입니다.

여러 세대에 걸쳐 오키나와 사람은 오키나와가 사랑받는 소중한 땅이라는 것을 보았습니다.

이런 조그마한 제 이야기를 읽어 주셔서 고맙습니다. 여러분의 행운을 빕니다.

히가 스스무
2010년 여름이 끝나 가는 어느 날에

조셀린 앨런, 아사카와 미쓰히로, 야나기 아키, 레자르 누아르, 스테판 뷰진,
피터 버크모아 그리고 데브 아오키에게 감사를 표한다.

이 책에 수록된 단편은 히가 스스무가 1990~2000년에 창작했다.
《모래의 검(砂の劍)》은 1995년 쇼가쿠칸사에서,
《모래의 검 제2판(砂の劍 第2版)》과 《마부이(マブイ)》는
2010년 세린코게이샤에서 출판되었다.
《오키나와(OKINAWA)》는 MangasplainingExtra.com에서
디지털로 연재되면서 처음으로 영문으로 선보였다.

히가 스스무 인터뷰

진행 Mangasplaining(MSX)의 크리스토퍼 우드로-버처, 앤드루 우드로-버처

Mangasplaining(MSX) 《오키나와》가 일본에서 처음 출간되었을 때, 반응이 어땠나요? 독자의 반응에 놀라거나 예상치 못한 게 있었나요?

히가 의외로 반응이 거의 없었어요.

MSX (웃음) 사람들은 당신의 작품을 이해했나요? 특히 《모래의 검》에서 오키나와를 일본과 미국이 어떻게 다루었는지를 말하고자

한 내용을 말이죠.

히가 뭐라고 해야 할까요… 높은 곳에서 말하는 것처럼 들리겠지만, 제 독자들은 상당히 수준이 높거든요. 사려 깊고, 깨어 있죠. 저는 유명 인사는 아니에요. 독자가 많은 것도 아니고요. 만화는 별다른 반응을 얻지 못했어요.

그런데 제가 맡은 NHK World의 다큐멘터리 〈오키나와 전투의 알려지지 않은 이야기: 전선의 여성과 청소년(Untold Stories of the Battle of Okinawa: Women and Teens on the Frontline)〉의 시청자 반응은 좋았어요. NHK 국장님이 알려 주었거든요. 논평 사본도 보내 주셨어요. 그래서 저는 사람들이 그것을 보고 반응하고 있다고 실감했죠. 반응이 정말 뜨겁다고.

그에 비해 일반 독자의 반응은 아마도 제가 적극적으로 소통하려 하지 않아서인지 그저 그랬던 것 같아요. 《모래의 검》과 《마부이》는 눈에 띄는 반응이라는 게 전혀 없었거든요.

MSX 우리는 실제로 사람들이 다큐멘터리를 볼 수 있게 연결하기도 했고, NHK World 누리집에서도 볼 수 있었기 때문에 이 작품을 알리는 건 쉬었어요. 정말 쉬웠죠!

히가 제 진짜 만화에 대한 반응이 실제로 있었으면 얼마나 좋았을까요… (웃음) 텔레비전의 영향력은 참으로 대단하군요.
실은 일본의 (유명 만화가) 아키야마 조지는 《AX》에서 제 이야기를 읽고 감동했다고, (대리인이자 편집자) 아사카와 미쓰히로 씨가 제게 말해 주었어요.

MSX 독자들에게 어떻게 다가갔는지를 말하자면, 저는 레자르 누아르의 프랑스어판과 세린코게이샤의 일본어판으로 《모래의 검》을 접했어요. 늘 '대안' 만화처럼 보다가 쇼가쿠칸의 '빅코믹스'에 연재된 걸 알고 충격을 받았거든요. 거기서 어떻게 연재한 거죠?

히가 저도 거기에 어떻게 들어갔는지 궁금한데요! (웃음) 실은 정기간행물에는 실리지 못했거든요. '빅코믹스' 특별판, 그러니까 몇 달에 한 번씩 나오는 것에만 실렸죠. 실제로 빅코믹스상을 받기도 했어요.

MSX 정말이에요?

히가 '빅코믹스' 특별판은 새로운 작품을 시도하거나 신인이 도전해 볼 수 있는 공간이에요. 제 작품은 만화다운 만화는 아니지만, 분명 나름대로 작은 분야이기는 하거든요. 그쪽 편집자에게 들었는데, 제 만화처럼 사회 쟁점을 다루는 만화가 잡지 전체의 수준을 높인다고도 하더군요. 잡지에 깊이를 더한다는 거죠.

MSX 이 책들은 1995년과 2010년에 출간되었는데, 오키나와와 일본 다른 지역의 반응을 비교해 볼 때, 어떤 차이가 있었나요?

히가 그런 식으로 생각해 보진 않았어요. 반응이 없을까 봐 걱정하면 끝이 없는데, 프랑스어판이 나오자, 해외에서 외국 사람들이 저를 찾아왔어요. 어쩌면 다른 나라 독자가 문제의 중요성을 더 인식하고 많은 생각을 하는 것 같아요. 왜냐하면 오키나와 사람에게 제 이야기는 그저 일상이란 말이죠. 뻔하고 자연스러운 얘기. 하지만 다른 나라 사람에게는 일본 문화의 새롭고 흥미로운 측면일 수도 있을 것 같아요. 제 생각에 오키나와 사람은 이러한 삶을 살아왔으니, 많은 관심을 기울이지 않는 것 같아요.

MSX 미국 독자는 어떤 반응을 보일 것 같나요?

히가 오키나와든 미국이든 인간성을 공유하고 서로에 공감하기를 바라요. 오키나와의 문제는 전 세계 문제와 연결되어 있어요. 사실 일본 본토 상황은 오키나와와 완전히 다릅니다. 여러분은 지금의 우크라이나·러시아와 유사하다는 것을 알 수 있어요. 우크라이나 문제는 오키나와에 '남의 일'이 아니에요. 우리는 상황의 유사성을 절실히 느끼지요. 일본은 러시아로, 오키나와는 우크라이나로 비교해 볼 수 있을 텐데, 오키나와가 일본 정부에 '우리는 분리 독립하고 싶다'라고 해도 일본 정부는 그런 일을 절대로 용납하지 않을 거잖아요. 그런 긴장감이 있는 거예요. 그리고 국제적 연결망과 긴장감은 외국이나 미국 독자가 일본 독자보다 더 강하게 느끼는 것 같아요.

MSX 제가 타이완으로 이주하고 이 책을 다시 읽어 봤을 때 매우 다른 느낌이 오더라고요. 타이완은 중국과 관계를 형성하는 데 아주 흥미로운 곳이라고 와닿았거든요.

히가 오키나와를 그리고 쓴다는 것은 세계와 연결하는 일이라고 생각해요. 도쿄의 '빅코믹스'에 연재한다는 것도 일본 안의 세계란 말이죠. 도쿄에 시장이 있고 독자가 살고 있으니 매우 중요한 곳입니다. 하지만 이곳 오키나와에서 미군 식민지화로 일어나는 문제를 직시해야 해요. 저랑 이야기하려고 일부러 여기까지 오셨잖아요. 이런 문제들이 서로 연결되어 있다는 것을 보여 주는 것 같아요. 영문으로 출판된다는 것은 그런 의미가 있는 거겠지요. 우리가 살아가는 세계에서 매우 보편적인 뭔가를 쓸 수 있었다고 생각해요.

MSX 우리도 그렇게 생각해요. 하지만 동시에 특수하다는 생각도 들어요. 작품에는 류큐어와 오키나와 사투리가 자주 등장하는데, 특히 《마부이》에서 일본 독자가 외국어로서 읽게 하려고 당신은 일부러 번역하지 않았거든요. 영어 사용 독자도 마찬가지고요. 류큐어를 그대로 두는 것이 중요한 일인지 좀 더 자세히 말씀해 주실 수 있나요?

히가 언어 문제는… 정말 지금 오키나와의 위기예요. 과거에는 지역마다 서로 다른 언어가 있었죠. 여기에 마을이 있고 저기도 있는데 도로로 분리되고, 언어도 조금씩 달라요. 발음도 억양도 말이죠. 특히 다른 섬에 가 보면 많이 달라요. 하지만 일본이 들어온 이후 모든 것을 일본화했어요. 모든 것이 바뀌었어요. 오키나와는 일본어를 쓰는 땅으로 병합되었어요. 일본어로 교육을 받고 일본인으로 바뀌고 말았지요. 오키나와 말과 수많은 사투리가 사라졌지요. 우리는 이제 과거로 돌아갈 수 없어요. "언어를 잃으면 나라를 잃는다"라는 옛 속담이 있는데, 언어와 마찬가지로 단어나 어감이 만들어 내는 효과나 영향도 완전히 다르게 이해되는 거죠.

개인적으로 오키나와 말로 대화할 때, 제게 말을 걸면 대체로 알아듣지만, 저는 하고 싶은 말의 50퍼센트만 이야기할 수 있어요. 제 생각에 중요한 점은 말을 계속 쓰는 것입니다. 오키나와 말이 사라질 위기에 처했어요. 단지 시대의 흐름일지도 몰라요. 우리가 할 수 있는 일은 아무것도 없는 거죠. 지금 오키나와 말이 살아 있는 건 민요입니다. 흥미로운 점은 오키나와 말로 불리는 민요가 해마다 새로 만들어진다는 거예요. 그것도 많은 수로요. 이는 일본어에서 거의 나타나지 않는 현상이죠. 오키나와 말로 부르는 민요는 제게 희망 그 자체입니다.

절망할 일이 없기에 체념하지 않아요. 언어 문제는 저절로 해결될 겁니다. 민요는 여전히 가능성이 있음을 보여 줍니다.

MSX 1995년 발표된 《모래의 검》은 거의 전편에 걸쳐 전쟁을 배

경으로 하는데, 2010년에 출간된 《마부이》는 오늘날 오키나와의 생활에 초점이 맞춰졌네요. 오키나와의 과거와 현재 생활 문화에서 초점이 어떻게 변했는지 말씀해 주실 수 있나요? 그리고 그것은 본인도 경험한 변화인가요?

히가 글쎄요. 내가 마부이든 오키나와 전투든 글을 쓴다는 것은 모두 하나로 이어져 있는, 연속하는 세계예요. 그래서 제 사고방식이나 종교관의 변화보다 오직 오키나와 전투, 마부이에 관해서만 쓰는 것 같아요. 둘은 똑같거든요. 오키나와 전투를 포함한 모든 것을 내 것으로 만들고 싶다는 마음가짐에 변함이 없어요. 오키나와에서 산다는 것이 어떤 의미인지를 물어야 해요. 결국 그 질문으로 귀결되는 것 같아요.

MSX 《마부이》는 오키나와의 종교와 관련한 이야기가 많이 나오는데, 종교가 매우 중요한 역할을 담당하고 있습니다. 《마부이》에서 사회문제나 경제문제 또는 정치문제를 해결하기 위한 수단으로 종교가 다루어지기도 하죠. '종교로 눈을 돌리면 답을 찾을 수 있다'처럼, 작품이나 자신의 삶 또는 오키나와에서 종교의 역할을 말씀해 주세요.

히가 종교라기보다… 어떻게 표현할 수 있을까요? 조상에 대한 공경심이라고나 할까요.… 종교적 지도자 같은 의미는 없어요. 제 집에도 당연히 조상을 공경하는 마음으로 전통적인 불단이 갖춰져 있습니다. 이런 것이 뿌리를 내려 아마도 그와 같은 영적인 특징들이 나타나겠죠. 그래서 유타 같은 사람을 만나는 겁니다. 어떤 문제가 생기면 유타가 당신을 위해 기도하는 거죠. 어떻게 보면 상담사와 더 비슷하다고 할 수 있겠네요. 그러니 문제가 생기면 유타에게 간다는 말입니다. 그리고 대부분 유타는 기도가 부족하다고 말을 하니, 기도를 하는 거지요. 그러나 종교는 아닙니다. 그건 아마도 영적 특징들이 만들어 낸 운명적인 기도일 것입니다. 옛날에는 마을마다 고유하고 성스러운 장소, 즉 우타키가 있었습니다. 일본으로 치자면 신사 같은 곳이죠. 마을 사람이 가서 기도나 그와 같은 일을 하는 마을의 성지 말입니다. 이런 일을 여러 번 반복하고 경험을 쌓으면서 평화를 공유할 수 있게 되는 거죠. 저는 개인적으로 신앙심이 깊은 편이 아니지만, 한 가지 말할 수 있는 것은 조상을 숭배하는 일은… 요컨대, 종교적인 자리에서 형식적으로 기도하는 거죠. 이러한 일은 기초적인 것일 뿐, 내 모든 것을 바칠 필요는 없으니 말이에요. 신앙도 아니니까요. 기도는 일상의 한 부분이고, 따라야 할 지도자나 그런 게 있지 않아요. 기도를 한다는 것은 소소한 '인사'와 같은 것일지도 모르겠고요.

히가 씨 자택의 불단

이는 오키나와 사람이면 모두 가지고 있는 공통의 기반인 것 같아요. 명문화할 필요도 없고요. 지금 문제가 되는 종교나 신앙은 교리 같은 것이 있어서 거기에 따라야 하는데, 그런 의미에서 애니미즘과 같다고 할 수 있지 않을까요. 저 나무에 신이 살고 있다는 식으로 인식하니 말이죠.

MSX 정말 훌륭한 답변이에요.

히가 그래요? 여러분 가운데 신앙심이 깊은 분 안 계세요?

MSX 뭐라고 말하기가 어려운데요.

히가 그래야 한다고 생각해요. 그 어떤 것도 강요되는 일이 없어야죠. 설날에 가족이 찾아와 조상님께 인사를 올린다는 것은 종교와 전혀 다르죠. 가진 것을 다 빼앗아 가는 종교와는 전혀 다르죠.

MSX 솔직히 말해서 단지, 경의를 표하기 위한 것뿐이에요. 일본에서 신사에 간다면 다른 사람이 하는 것처럼 똑같이 따라 하는 거죠. 새해를 맞으면 일본 사람들처럼 하쓰모데 즉 새해 첫 참배를 하겠지요. 하지만 서양은 종교에 따라 다르며, 참여하기를 더 꺼리기도 합니다.

히가 그런 의미에서 오키나와의 것은 종교라고 할 수 없을지도 모르겠군요. 제가 《마부이》에서 우간과 유타에 대해 쓴 것은 바로 그런 의미에서입니다.

그런데 재미있는 것은 일본 전체와 비교해 볼 때, 오히려 오키나와에 기독교인이 더 많다는 사실입니다. 전후 오키나와에 선교사가 몰려왔기 때문이죠. 그래서 종교가 오키나와 사람의 버팀목이 된 것 같아요. 붙잡을 수 있는 기반이 되었다고도 생각해요. 그래서 학자나 연구

자가 기독교인을 더 많이 찾아낸 거죠.

MSX 《마부이》와 관련해… 원래 이 이야기는 잡지《AX》에 게재되고, 그 후 세린코게이샤에서 연재된 줄 알았는데, 그런 일은 없었잖아요. 그게 사실인가요?

히가 맞아요. 그들이 게재한 것은 마지막 이야기뿐이에요. 〈마부이〉를 말이죠. 이제는 말할 수 있어요! (웃음) 〈마부이〉나 다른 이야기는 '빅코믹스'에 실렸거든요. 하지만《AX》에는 〈마부이〉만 실렸어요. 예전에 쇼가쿠칸에서 나온 이야기를 홍보용으로《AX》에 실었을 뿐이에요. 그래서 단행본이 나오기 전까지는 미발표 작품이었죠.

MSX 그렇다면 당시 출판사 없이 이 모든 이야기를 직접 작업했단 말인가요? 그들은 관심을 보이지 않았나요?

히가 그렇죠. 무언가를 그려서 쇼가쿠칸이나 고단샤 편집자에게 가져가면 그들은 "음,… 모르겠네요"라는 반응이었어요.

MSX 《마부이》는 초판 기획이었던 거군요. 북미에서 말하는 '그래픽 노블'인데, 만화로는 드문 일이죠. 먼저 연재된 일도 없었으니.

히가 네, 매우 드문 일이죠. 잡지에 실리는 게 일반적이니까요. 저의 다른 작품《바디트리》도 비슷해요. 이 작품을 출판사에 보냈는데, 내용이 꽤 길고 대사도 없어 출판사는 어떻게 해야 할지 모르더군요. (《바디트리(Body Tree)》는 MangasplainingExtra에서 디지털로 출판되었다)

MSX 책이 될 만한 다른 단편이 있나요?

히가 네, 고단샤에서 나온 3권의 책이 있어요.《가지무누가타이:

바람이 목격한 오키나와 전투》와 《미야자키 이야기 1·2》입니다. 내용도 그림도 한 단계 성장했어요. 《가지무누가타이》는 문화청 주최 일본 미디어예술제에서 만화 부문 대상을 수상하기도 했어요.

MSX 사실 전 이 책들을 샀거든요. 그 안의 이야기들은 앞에 언급한 책보다 더 격앙된 것처럼 보입니다. 어쩌면 화가 더 많이 난 건지도 모르겠네요.

히가 내 생각을 표현하는 힘이 생겼다는 뜻인 것 같아요. 만화를 더 잘 그리게 된 거죠. 더 직접적으로, 더 빨리, 더 쉽게 내가 하고 싶은 말을 전달할 수 있게 되었다. 단순히 표현할 수 있는 도구가 많아졌다는 것일 수도 있어요. 그냥 내가 하는 일을 더 잘하게 된 것뿐이죠.

MSX 몇백 쪽을 그리다 보니 훨씬 더 잘 그리게 된 거네요.

히가 (웃음) 네, 맞아요.

MSX 이들 작품은 매우 정치적이고 역사적이에요. 하지만 대부분 역사적 측면을 이야기하거나 요약하지 않고, 개별 등장인물이나 때로는 실존 인물의 경험을 통해 소개하죠. 허구일지라도 실존 인물, 실존 사건에 기반을 두고 있어요. 이 사람들이 이야기들을 읽거나 반응하기도 했나요? 특히 야구 이야기 속 짐에 대해 생각해 보고 싶은데요.

히가 아니요, 실제 누군가에게 이야기를 읽게 한 적은 없어요. 제트기 추락사고 이야기는 사실 신문으로 접했고, 그 기사를 보고 영감을 얻었거든요. 신문 기사를 읽으면서 세세한 내용을 펼쳐 나간 거죠. (어떤 기사를 접하면) 머릿속에 떠올라요. 그리고 실제로 그 사건이 일어난 장소에 가 보지요. 그곳에서 숲과 나무에 둘러싸여 있다 보면,

그 주변에서 일어난 사건이 보이는 것 같아요. 내 안에서 불이 붙는다고 할까, 이런 공간을 찾아다니는 것이 매우 중요해요.

가끔 흥미로운 기사를 찾을 때가 있는데요. 거기서 착안하고 무언가를 만들어 낸다는 것은 저 자신과 경쟁하는 것이면서 동시에 진정한 도전이라고 생각하거든요.

MSX 그런데 《모래의 검》에서 아버지와 어머니에 관한 이야기를 하셨잖아요. 그런 이야기나 당신의 작품을 부모님께서 읽어 보신 적은 있나요?

히가 어머니 이야기는 어머니께서 돌아가신 후에 썼거든요. 그래서 안타깝게도 어머니는 읽어 보시지 못했어요. 아버지 이야기는 아버지께서 돌아가신 후에 썼는지 기억이 나질 않네요.… 하지만 어머니 이야기는 아버지께 보여드렸고, 아버지는 깊이 감동하셨어요. 정말로 감동하신 것 같아요. 실은 어머니께 보여 드리고 싶었어요.

아버지께 어머니 이야기를 보여 드리면서 잡지에 실린 내용이나 이런저런 이야기를 했더니, 처음부터 끝까지 한 줄 한 줄 소리를 내어 읽으셨어요!

MSX 믿기지 않네요.

히가 솔직히 진짜 감동적이었어요. 아버지는 책을 잘 읽지 않는 편이었기에 굉장히 의미 있는 일이었어요.

MSX 제가 여쭙고 싶은 것은 당신이 만화 속에서 조금 모호히 남겨 둔 부분입니다. 아버지께서 하와이 포로수용소를 '천국 같다'라고 표현하신 부분인데, "이제 이에 대해 두말할 여지는 없다"로 이야기가 끝이 나거든요. 이 부분을 좀 더 자세히 말씀해 주실 수 있나요? 꼭

듣고 싶어요.

히가 전쟁이라서 힘들었고, 아버지는 힘든 시기를 견뎌 내셨어요. 그런데 이제 하와이에 가 보니 음식 걱정이 사라졌어요. 포로로서 받는 제약은 일본군 시절보다 적었던 거죠. 포로들은 삼삼오오 모여 극단을 만들어서 공연을 하곤 했어요. 아버지는 어떤 의미에서 배우가 된 셈이죠. 사실 당신은 그때를 청춘의 영광스러운 시절처럼 말씀하셨어요. '음식이 너무 맛있었어! 오키나와에서는 절대 먹어 보지 못했어'와 같이, 마치 포로가 아니었던 것처럼 말이죠.

정말 많이 고생하셨을 텐데, 그런 말을 입 밖으로 꺼내시지 않았어요. 어쨌든 아버지는 그곳에서 그 어느 때보다 정말 자유로웠다고 하셨어요. 전쟁 중에 오키나와에서 일어난 일은 이야기하려 하시지 않았고, 하와이 이야기만 하고 싶어 하셨어요.

MSX 저라도 그런 얘기는 하고 싶지 않을 것 같아요.

히가 아버지는 실제 군인이 아니었어요. 아버지 같은 사람은 군대 서열에서 가장 밑바닥에 있었어요. 오키나와 전투가 벌어지자, 싹쓸이 동원으로 모두가 징병되었고, 아버지도 그중 한 명이었던 거죠. 총도 받지 못했고, 막대기를 들었단 말이에요. 그렇다고 해도 그는 군에 있었기에 자랑스럽지 못한 일에도 관여했어요. 하지만 아버지는 진짜 군인이 아니었어요.

일본 군대는 괴롭힘이 끔찍할 정도로 심했는데, 싸움이 일어나면 서로를 무자비하게 마구 때리곤 했다는 얘기를 들었어요. 그들은 대체 뭘 하고 있었던 걸까요? 무슨 의미가 있었을까요? 전쟁에서 진 건 당연한 일입니다.

최악이죠.

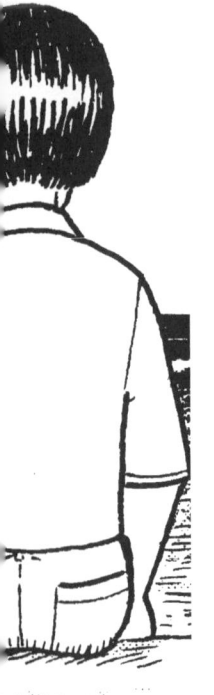

MSX 《마부이》는 2010년에 출간된 작품인데도, 당시 군사기지 문제, 일본 본토가 오키나와를 대하는 방식 등에서 상황이 크게 달라지지 않기도 해서, 어쩌면 이 책이 어제 출판됐을지도 모른다는 생각이 들기도 해요. 어디까지나 우리의 견해일 뿐이지만. 이 이야기를 쓴 이후 오키나와는 어떻게 달라졌다고 생각하시나요?

히가 이게 진짜 문제예요. 정말 아무것도 변하지 않았거든요. 오키나와는 미국과 일본을 위한 도구일 뿐이고, 우리는 그 사이를 오가고 있죠. 더 나은 것을 꿈꾸어 봤지만, 식민지화된 사실을 인식할 수밖에 없어요. 이런 것은 기본적으로 변하지 않아요. 하지만 한 가지 확실한 것은 우리가 이 상황을 받아들이는 게 더 어려워지고, 냉엄해졌다는 사실입니다. 우리에게 환상은 없고 그저 현실을 맞닥뜨릴 뿐이에요. 우리와 일본 그리고 세계 각국 정부의 상황 및 우크라이나와 러시아의 전쟁을 보면 알 수 있어요. 우리는 벼랑 끝에 서 있거든요. 오키나와 사람의 문제는… 솔직히 오키나와가 요새 어떤 역할을 맡고 있기 때문에, 예를 들어서 중국과 타이완 사이에 전쟁이 일어나면 우리는 휘말리지 않을까 하고 두려워하고 있어요. 하지만 일본 본토 사람은 '전쟁이 일어나더라도 오키나와니까 괜찮겠지'라는 생각밖에 안 하는 것 같아요. 우리 따위는 안중에도 없는 거죠. 어쩌면 명예도 없고, 어떤 일에 반성도 없는 일본 본토의 문화일지도 모르겠어요.

후쿠시마 원전 사고가 일어난 지 10년 만에 원전을 또 짓겠다는 이야기가 나와요. 이 뉴스를 보고 나는 '이거 농담 아냐?'라고 웃을 수밖에 없었어요. 그들은 환상과 현실의 구분이 없는 세상에 사는 듯해요. 특히 오키나와에 관해서 말이에요. 오키나와는 경제문제이자 세계가 어떻게 보는가 하는 문제이기도 한데, 이런 문제가 오키나와 주민 희생으로 세워졌다는 거죠. 경제적으로 일본은 세계 4위인가 5위

인데, 1위는 미국, 2위는 중국이고, 3위는 러시아일 것입니다. 예전에는 영국과 프랑스가 들었지만 일본에 밀려났을 것입니다. 그래서 순위 싸움이 중요한 거예요. 오키나와를 힘든 상태로 두면서 경제가 발전하게 한다는 거죠. 진심으로 어떤 변화도 없을 것 같아요. 오히려 긴장이 더 높아진 것 같아요.

솔직히 내 만화는 안 그리는 게 낫지 않을까 하는 생각이 들기도 하거든요. **하지만 그려야겠고**, 이런 상황을 이야기해야겠어요. 내 이상과 삶에 충실해야 하니까 말이죠. 그래서 낙관적으로 볼 수는 없어요. 우리 오키나와 사람은 이곳에서 생계를 꾸리며 살아가야 하거든요. 이런 상황에서도 우리는 서로를 마주 보고, 서로에게서 행복을 찾아야 해요. 그것이 우리가 할 수 있는 일이란 말입니다.

MSX   우리도 같은 마음입니다. 긴 시간 인터뷰에 응해 주셔서 고맙습니다.

히가   이제 끝인가요? 마지막 질문도 다 하셨나요?

MSX   네, 다 했어요.

히가   다행이군요! 그럼 한잔하러 갑시다.

야마토에서 미국까지: 오키나와의 변천

오야카와 시나코

> 히가 선생님의 작품은 전시와 전후 오키나와 사람의 삶을 생생히 묘사했다. 이 영문판을 정리하면서 우리는 히가 선생님과 함께 오키나와의 투쟁이, 오늘날 전 세계에서 식민지화와 군사적 폭력에 노출된 다른 민족의 지속적인 투쟁과 어떻게 완벽히 연결되는지를 논의했다. 오키나와 활동가이자 작가, 학자인 오야카와 시나코 님의 이 짧은 논문은 히가 선생님께서 이 주제와 관련해 일목요연하고 중요한 글이라고 추천해 주신 것이다. 그 내용은 분명 히가 선생님의 작업과 공명한다 하겠다. 류큐제도의 지정학적 위상을 더 깊이 이해하는 데도 도움이 되기를 바라며, 오야카와 시나코 님의 호의로 여기에 전재함을 밝힌다.

1945년 3월 미군은 오키나와에 상륙하자 〈니미츠 포고령〉을 발표했고, 일본의 전권을 이곳에서 정지하겠다고 선포했다. 미군이 오키나와에 매우 격렬히 포격했기에 사람들은 '철의 폭풍'이라고 불렀고, 피비린내 나는 육상 전투였던 탓에 미국 전쟁특파원은 오키나와를 '지옥의 도가니'라고 표현했다. 실제도 전투는 격렬했고, 오키나와 주민 4명 가운데 1명이 목숨을 잃었다. 오키나와 전투는 일본이 〈포츠담선언〉을 받아들인 지 한 달 후인 9월에 일본이 항복문서에 정식 서명함으로써 마침내 공식 종결되었다. 이는 '류큐 양도'부터 미국의 권한이 도착할 때까지 약 70년간의 야마토 지배가 종말했음을 의미한다.

이때 미군 조사기관인 오키나와 자문위원회가 설치되고, 여성 참정권이 부여되어 전후 첫 선거가 실시되었다. 당초 미국은 태평양 지역의 평화를 위해 오키나와를 신탁통치해야 한다고 주장했지만, 1946년 더글러스 맥아더 장군은 북위 30도 이남의 영토를 일본에서 분리하기로 결정했다. 그리고 상징적인 일왕은 1947년 〈인간선언〉을 하면서 미국이 류큐제도를 계속 점령하기를 바란다고 밝혔다. 또한 일본이 주권을 유지한 채 영토를 장기조차(25~50년 이상) 형태로 미국에게 넘기겠다고 발표했다. 1952년 〈샌프란시스코강화조약〉과 〈미일안보조약〉이 발효되면서 오키나와를 반영구적으로 사용한다는 정책이 채택되어, 미국 정부는 본격적으로 군사기지를 건설했다.

코로나가 전 세계를 뒤덮기 전, 나는 괌에서 온 친구들을 오키나와 평화기념자료관으로 안내할 기회가 있었다. 괌 독립을 위해 조사와 투쟁에 적극적으로 참여해 온 사람들이며, 이들 가운데 괌의 고위 관료도 있었다. 이 고위 관료는 오키나와 전투와 관련한 자료를 꼼꼼히 살펴본 후, 전후 미국 통치를 받는 오키나와 상황에 충격을 받고서 조용하지만 명료한 목소리로 말했다. "괌과 마찬가지로 류큐도 비자치령 목록에 포함되어야 합니다. 왜 그렇게 못 하는 거죠? 이는 미국의 오만이자 태만이며, 이런 불공정함은 즉시 시정되어야 합니다."

괌의 친구들은 전시관을 나와, 친절히도 1945년 미국이 비준한 유엔헌장이, 전 세계에서 식민지가 된 영토는 당연히 식민지에서 해방되어야 한다는 것을 국제사회가 확인한, 전례 없는 내용을 담고 있다고 설명해 주었다. 〈샌프란시스코강화조약〉에 미국은 오키나와를 UN신탁통치이사회 산하에 둔다고 명시되어 있지만, 1953년 미국

국무장관 존 포스터 댈러스(John Foster Dallas)는 미국이 오키나와를 직접 통치하기로 결정했다. 1957년부터 1972년 반환될 때까지 유엔헌장이 무시되는 가운데 고등판무관이 6명 임명되었다. 식민지화라는 비슷한 고통을 겪은 괌의 관점에서 볼 때, 오키나와가 이런 처우를 받은 데 놀라지 않을 수 없고, 당장 시정되어야 한다고 생각한 것이다.

1960년 〈식민지독립부여선언〉은 "신탁통치령과 비자치령 및 기타 독립을 이루지 못한 모든 지역에서 인민이 완전한 독립과 자유를 누릴 수 있게, 이들이 자유로이 표현한 의사와 희망에 따라 인종·신념·피부색에 따른 구별 없이, 어떠한 조건이나 유보도 없이 모든 권한을 이들 지역 인민에게 넘기기 위해 즉각적으로 조치해야 한다"라고 명시하고 있다. 또한 완전한 자치를 이룩하는 데 받아들일 정치적 지위로, 독립국과 자유 동맹, 독립국과 통합, 독립 등 세 가지 선택지를 정의했다. 괌은 현 시점에서 〈식민지독립부여선언〉이 적용되는 지역으로서 목록에 포함되어 있으며, 주민투표로 결정할 수 있게 이들 세 가지 선택지를 연구하고 논의하고 있다.

2022년 본토 반환 50주년을 즈음하여 NHK가 새 프로그램을 방송하는 등 기념사업이 쏟아지며 축하 분위기가 무르익었다. 하지만 나는 이 모든 것에 깊은 위화감을 느끼지 않을 수 없었다. '반환'이라는 말 속에는 '힘들게 쟁취한 반환'이라는 함의도, '원하던 반환이 아니다'라는 함의도 담기지 않아서다. 반환 후에도 군사기지는 밀약에 따라 남겨졌고, 영향을 받는 시민에게 아무런 발언권도 주어지지 않았다. 50년이 지난 지금, 군은 그 면적을 더 넓히려 한다. '반환'이란 종주국이 할당하는 것이 아니라, 원래 형태로 되돌리는 일이어야 하지 않겠는가? 과거에 '만약'을 물을 수는 없지만, 과거에서 배우며,

자치를 위한 세 가지 선택지를 탁자 위에 올려놓고 미래를 향해 논의를 펼쳐 볼 것을 간절히 희망해 본다.

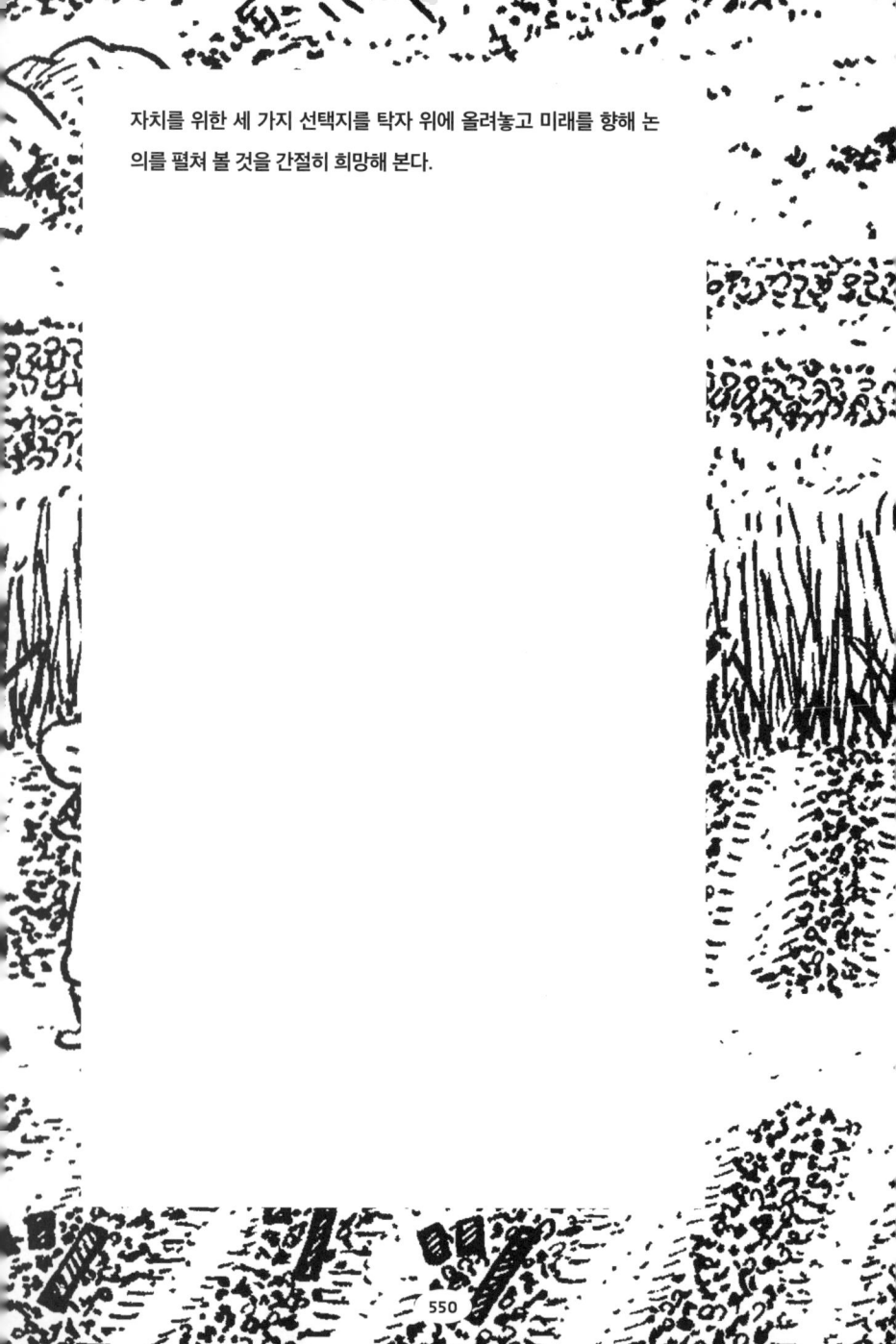

옮긴이 **김웅기**

한림대학교 인문대학 일본학과 부교수. 정치학 박사. 일제의 연속성으로 '제국 후'에 탄생한 동아시아 국민국가들의 틈새에서 신음하는 제국의 유제(遺制), 특히 재일코리안의 일상과 강고한 국민국가 논리 사이의 관계성을 탐구하고 있다. 옮긴 책으로《조선적이란 무엇인가?》《장동일지》등이 있다.

OKINAWA
ⓒ Susumu Higa 2023
All rights reserved
Translation made in arrangement with Am-Book (www.am-book.com) and Icarias Agency

이 책의 한국어판 저작권은 Am-Book과 Icarias Agency을 통해 Susumu Higa와 독점 계약한 도서출판 서해문집에 있습니다. 저작권법에 의하여 한국 내에서 보호를 받는 저작물이므로 무단전재와 복제를 금합니다.

오키나와

초판 1쇄 발행 2025년 6월 10일

지은이	히가 스스무
옮긴이	김웅기
펴낸이	이영선
책임편집	김종훈
편집	이일규 김선정 김문정 김종훈 이민재 이현정
디자인	김회량 위수연
독자본부	김일신 손미경 정혜영 김연수 김민수 박정래 김인환

펴낸곳 서해문집 | 출판등록 1989년 3월 16일(제406-2005-000047호)
주소 경기도 파주시 광인사길 217(파주출판도시)
전화 (031)955-7470 | 팩스 (031)955-7469
홈페이지 www.booksea.co.kr | 이메일 shmj21@hanmail.net

ISBN 979-11-94413-36-3 07910